凝聚隧道及地下工程领域的

先进理论方法、突破性科研成果、前沿关键技术，

记录中国隧道及地下工程修建技术的创新、进步和发展。

中国隧道及地下工程修建关键技术研究书系

银西高铁黄土塬隧道修建技术研究丛书

软塑古土壤地层
隧道修建技术研究与实践

RESEARCH AND PRACTICE OF
SOFT PLASTIC PALEOSOL STRATUM
TUNNEL CONSTRUCTION TECHNOLOGY

常帅斌　刘　赪　刘俊平　陈　明　等　编著

人民交通出版社股份有限公司

北　京

内 容 提 要

本书为“银西高铁黄土塬隧道修建技术研究丛书”之一，基于银西高铁隧道工程研究成果和实践经验，系统总结了黄土塬区隧道修建技术。

本书以银西高铁早胜隧道为依托工程，通过资料调研、理论分析、室内数值模拟、模型试验及现场数据分析等，对古土壤地层围岩工程特性、隧道围岩应力及支护结构受力、二次衬砌结构、仰拱结构等展开研究，形成了穿越古土壤地层时隧道施工关键技术，从而为黄土塬区高速铁路隧道的安全、快速施工提供重要保障。

本书可供从事隧道及地下工程的专业技术人员参考，也可供高等院校相关专业师生学习。

图书在版编目(CIP)数据

软塑古土壤地层隧道修建技术研究与实践 / 常帅斌等编著. — 北京 : 人民交通出版社股份有限公司, 2025.3. — ISBN 978-7-114-20157-8

Ⅰ. U455

中国国家版本馆 CIP 数据核字第 2025X7B343 号

Ruansu Guturang Diceng Suidao Xiujian Jishu Yanjiu yu Shijian

书　　名：软塑古土壤地层隧道修建技术研究与实践
著 作 者：常帅斌　刘　赪　刘俊平　陈　明　等
责任编辑：谢海龙　刘国坤
责任校对：孙国靖　魏佳宁
责任印制：张　凯
出版发行：人民交通出版社股份有限公司
地　　址：(100011)北京市朝阳区安定门外外馆斜街 3 号
网　　址：http://www.ccpcl.com.cn
销售电话：(010)85285857
总 经 销：人民交通出版社股份有限公司发行部
经　　销：各地新华书店
印　　刷：北京建宏印刷有限公司
开　　本：720 × 960　1/16
印　　张：9.25
字　　数：169 千
版　　次：2025 年 3 月　第 1 版
印　　次：2025 年 3 月　第 1 次印刷
书　　号：ISBN 978-7-114-20157-8
定　　价：92.00 元

委员会

丛书编写委员会

本册编审委员会

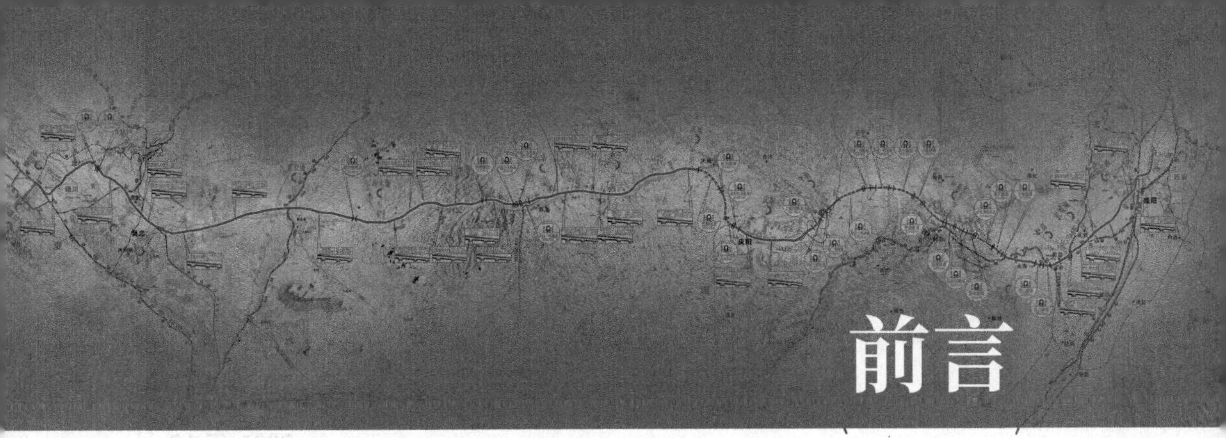

前言

我国的黄土地层区域广泛分布于甘肃、陕西、宁夏等大部分的西北地区，从贺兰山到太行山，从黄土高原到秦岭，这些区域内都分布着不同年代的黄土地层。近年来，随着我国加快对西部地区的基础建设，西部地区的铁路建设进入了一个飞速发展的新阶段。银西高铁是我国《中长期铁路网规划》(2016 年版)中“八纵八横”高速铁路主通道之一“包(银)海通道”的重要组成部分，穿越毛乌素沙漠边缘和世界上规模最大的黄土塬，是我国一次性建成里程最长的有砟高速铁路。

银西高铁早胜隧道群穿越地段为典型的软塑古土壤地层，其具有含水率高、强度低、自稳能力差等特点，隧道施工面临风险高、难度大，极易发生施工灾害，主要表现为变形过大侵限、初期支护喷层开裂、钢拱架扭曲、拱脚失稳和仰拱底鼓等现象，局部地段甚至发生塌方等，不仅影响施工安全和质量，也对后期运营带来不利影响。因此，本书主要针对上述几方面问题进行了深入研究。

本书共分 6 章：第 1 章介绍了研究背景及意义、依托工程概况及研究现状；第 2 章主要分析了古土壤地层的物理力学性质、微观结构分析，以及力学特性和膨胀特性；第 3 章分析了隧道围岩压力分布情况以及支护结构受力情况；第 4 章介绍了衬砌结构常用技术方法，并对二次衬砌的安全性进行分析，提出了配筋优化方案；第 5 章介绍了古土壤隧道的底鼓机理，提出了控制方法；第 6 章介绍了古土壤隧道施工成套技术体系。

本书可作为黄土塬区隧道施工人员的指导用书。限于作者水平和能力，书中难免存在不足和疏漏之处，恳请各位专家和读者批评指正。

作　者

2021 年 12 月

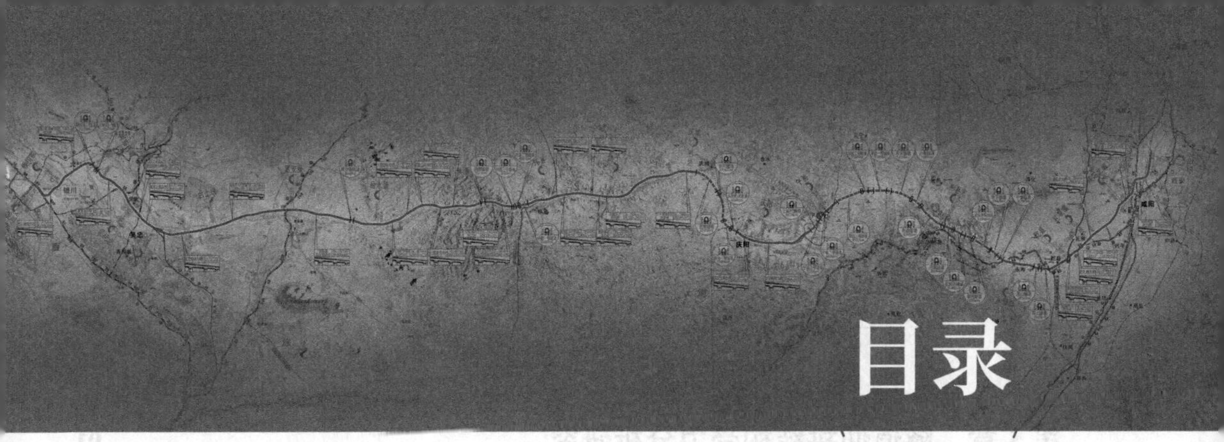

目录

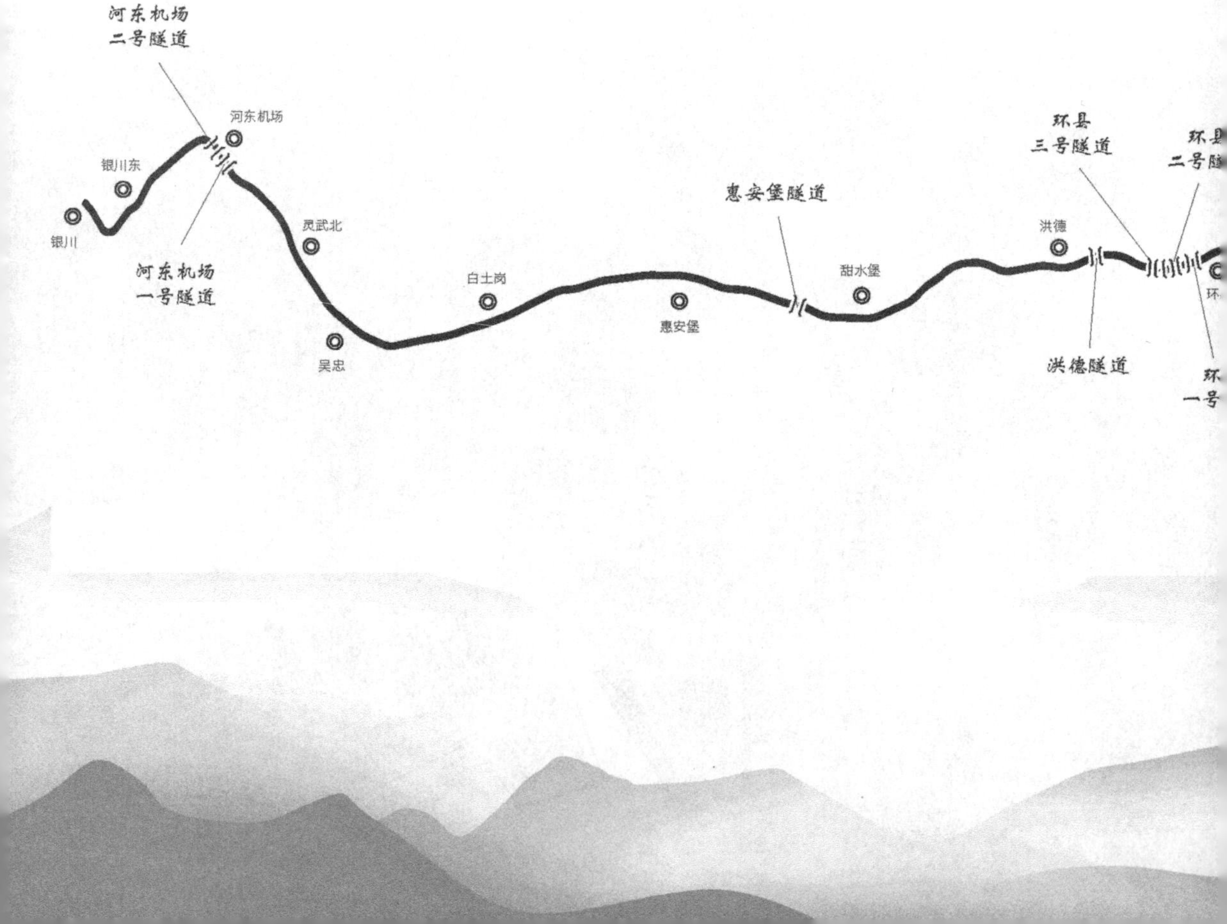

河东机场
二号隧道
河东机场
银川东
银川
灵武北
河东机场
一号隧道
吴忠
白土岗
惠安堡
惠安堡隧道
甜水堡
洪德
环县
三号隧道
洪德隧道

第1章 绪论

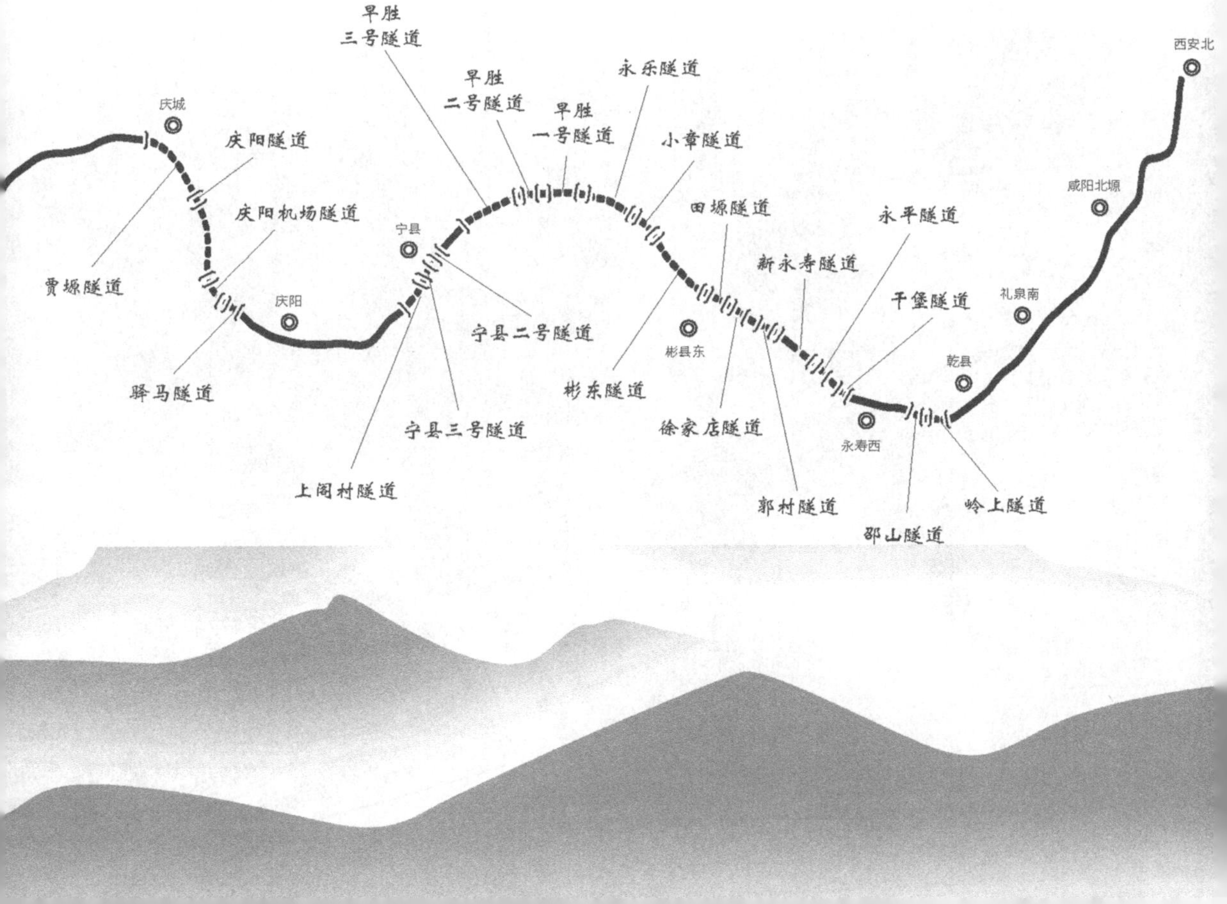
早胜三号隧道
早胜二号隧道
早胜一号隧道
永乐隧道
西安北
庆城
庆阳隧道
小章隧道
咸阳北塬
庆阳机场隧道
田塬隧道
永平隧道
宁县
新永寿隧道
贯塬隧道
庆阳
干堡隧道
礼泉南
宁县二号隧道
彬县东
乾县
驿马隧道
彬东隧道
徐家店隧道
永寿西
宁县三号隧道
上阁村隧道
郭村隧道
岭上隧道
邵山隧道

1.1 研究背景与意义

隧道修建需要考虑诸多因素,其中地质因素是最基本的因素之一。在众多地质类型中,古土壤地层是隧道修建中经常遇到的特殊地质情况。软塑古土壤具有含水率高、强度低、自稳能力差等特点,故该地层隧道施工风险高、难度大,极易发生施工灾害。主要表现为变形过大侵限、初期支护喷层开裂、钢拱架扭曲、拱脚失稳和仰拱底鼓等现象,局部地段甚至发生塌方等,不仅影响施工安全和质量,也对后期运营带来不利影响。因此,研究穿越古土壤地层时隧道支护结构的力学特性以及选择合理施工工法具有十分重要的现实意义,可为保证隧道施工与运营安全及为其他类似工程提供一定的参考和依据。

在黄土塬区修建大断面隧道时,常出现穿越多种不同地层的情况,有时会遇到穿越长度上百米的长段落古土壤地层。不同地层围岩上下软硬不均、自稳能力差,会导致隧道支护所承受围岩压力分布不均,可能使支护结构局部受力过大而产生裂缝;同时由于围岩条件不同,隧道洞周会产生不均匀变形,导致施工困难,延误工期,甚至威胁施工人员生命安全。因此,分析古土壤地层中的隧道支护结构力学特性和选择合理施工工法是保证黄土塬区内工程顺利和安全施工的基础。

长段落穿越古土壤地层给隧道施工带来很多不稳定因素,施工安全风险较大。同时,施工隧道断面大且地质情况非常复杂,隧道在穿越古土壤地层的施工过程中,极易发生局部塌方,安全风险极大。在目前国内外对长段落穿越古土壤地层大断面黄土隧道施工技术研究还不充分的情况下,有必要针对此类条件下的隧道施工技术开展深入的研究。

本书以银西高铁早胜隧道为依托工程,主要通过资料调研、理论分析、室内数值模拟、模型试验及现场数据分析等多种研究手段相结合,对线路部分区段穿越古土壤地层时隧道施工关键技术开展研究,从而为黄土塬区高铁隧道的安全、快速施工提供重要保障。

1.2 依托工程概况

早胜一号隧道位于甘肃省庆阳市正宁县宫河镇及榆林子镇境内，走行于黄土梁塬沟壑区，地面高程1030～1250m，相对高差约220m，梁塬呈东北高西南低，沟壑纵横，边缘破碎，冲沟下切较深，多呈“V”形，两岸边坡高陡，局部发育滑坡、错落、溜坍和黄土陷穴等不良地质现象。隧道最大埋深约205m，最小埋深56m。西安端洞口位于庆阳正宁县宫河镇长口子小学北侧约130m四郎河右岸黄土梁缘坎下坡脚，由于人为改造，地形十分破碎，有乡道可至，交通便利；银川端洞口位于宁县平子镇下塬村东南侧150m惠家川左岸黄土残梁坎下的斜坡上，此处发育一滑坡，车辆可至下塬村，交通较为便利；1号斜井井口位于南堡子村南侧790m关子沟右岸黄土梁缓坡，距线路约1290m，有小路可至洞口位置，车辆无法到达，交通不便；2号斜井井口位于石家村东侧约886m担水沟右岸一处残梁坡脚，上部地形破碎，距线路约653m，车辆无法到达，交通不便。早胜一号～早胜三号隧道群长度为22687.23m，紧急救援站设置于早胜一号隧道银川端至早胜二号隧道西安端，由“早胜一号隧道银川端325.66m＋惠家川大桥174.68m＋早胜二号隧道西安端325.66m”组成。

早胜一号隧道起讫里程：DK170＋717.85～DK180＋627.66，全长9909.81m，为双线单洞隧道。整座隧道坡度为4.60‰，单面上坡；西安端左线DK170＋907.214～DK172＋934.457段2027.243m位于*R*7000m的左偏曲线上，银川端左线271.335m位于*R*9000m的右偏曲线上，其余均位于直线上。早胜一号隧道纵剖面如图1-1所示。

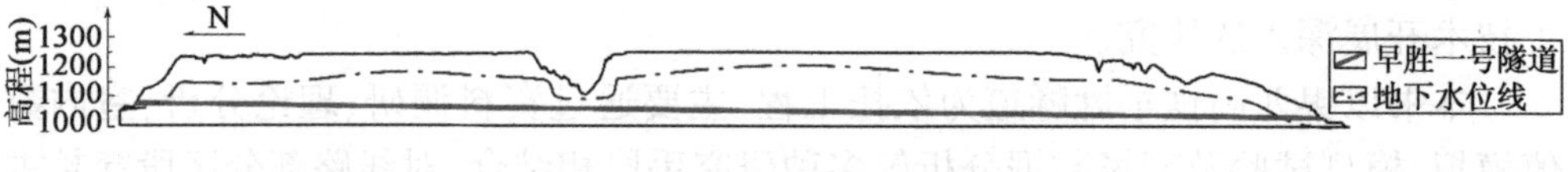

图1-1　早胜一号隧道纵剖面示意图

早胜三号隧道经过甘肃省庆阳市宁县平子镇、良平乡及早胜镇，走行于黄土梁塬沟壑区，为银西高铁控制性工程，设计为双线单洞。隧道地面高程995～1250m，相对高差约225m，北高南低，沟梁相间，冲沟下切较深，多呈“V”形，两岸边坡高陡,局部发育滑坡、溜坍、错落和黄土陷穴等不良地质现象。隧道起讫里程:DK182+493.62~DK193+665,全长11171.38m。隧道最大埋深约210m,最小埋深约10m,进口位于北沟右岸,出口位于八村沟水库支沟左岸。隧道设两座斜井,1号斜井出口位于下慧水库左岸,2号斜井出口位于大洪河右岸,交通不便;1号斜井位于线路左侧,与正线交叉里程为DK185+700,长度903.84m,交角40°;2号斜井位于线路左侧,与正线交叉里程为DK189+500,长度688.79m,交角116°。整座隧道除进口6.38m为12‰的上坡外,其余依次为-20‰、-3‰的下坡;进口1372.79m位于*R*9000m的右偏曲线上,出口3030.402m位于*R*10000m的右偏曲线上,其余均位于直线上。早胜三号隧道纵剖面如图1-2所示。

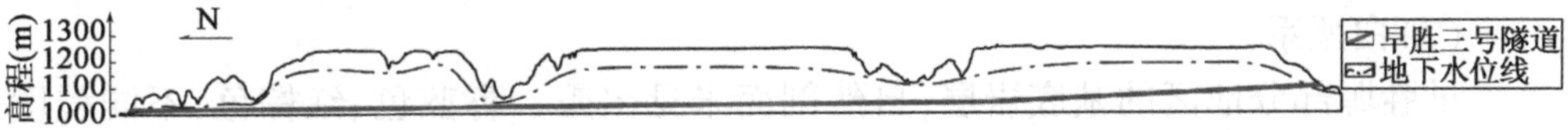

图1-2 早胜三号隧道纵剖面示意图

1.2.1 地层岩性

根据陇东地区的地层资料、银西高铁早胜隧道勘察资料以及现场踏勘情况,各层岩性如下:

(1)第四系全新统

砂质黄土(Q_4):主要分布在冲沟两侧坡面,淡黄色、灰黄色,为滑塌、错落和溜坍堆积体,厚3~30m,成分以粉粒为主,土质不均,结构疏松,硬塑。

黏质黄土(Q_4):主要分布于小型冲沟沟底地表,棕黄色,厚2~5m,成分以粉粒为主,土质不均,含砂粒,土体疏松,表层含植物根系,硬塑为主。

黑垆土(Q_4):主要零星分布在塬面区,深褐色,厚度较薄,结构疏松,虫孔、根孔等大孔隙发育,具白色钙质条带。

(2)第四系上更新统

黏质黄土(Q_3):分布于梁塬表层,淡黄色为主,厚10~20m,成分以粉粒为主,土质较均匀,根、虫孔发育,土体疏松,直立性好,垂直节理发育,可见蜗牛壳,底部分布有褐红色古土壤,见白色钙质菌丝,局部有姜石,硬塑。

(3)第四系中更新统

黏质黄土(Q_2):分布于梁塬中部,褐黄色和棕黄色为主,厚50~180m,成分以粉粒为主,土质均匀,针状空隙发育,土体较致密,具直立性,夹有多层古土壤层,可见白色钙质菌丝,底部常具姜石层,硬塑为主,局部软塑。

(4)第四系下更新统

黏质黄土(Q_1):见于塬区边沟的自然剖面中,部分地区下见基岩,褐黄色黄土层,棕红色古土壤层,含钙质结核,黄土层中含有灰绿色高岭土。

(5)新近系

三趾马红土(N):基本上覆盖于第四系黄土之下,只有河谷或冲沟两侧下部零星出露。棕红色,微裂隙发育,含密集层状钙质结核层,表面呈灰白色网纹及斑块。

(6)古近系

古近系地层普遍缺失。

(7)白垩系

早胜塬部分地区的基底岩层,自然剖面未见出露。青蓝色、红棕色,不同程度风化,层状构造,节理裂隙较发育,局部岩体较破碎,产状水平为主。

1.2.2 地层剖面

早胜三号隧道2号斜井下坡处的剖面如图1-3所示,调研结果见表1-1。剖面上的黄土层和古土壤层从岩性上特别容易辨认,图中可以清晰看到7层黄土层和8层古土壤层。

图1-3 早胜三号隧道2号斜井下坡处的剖面

古土壤隧道地层剖面调研结果 表 1-1

序号	年代地层	岩性地层	柱状图	地层序号	分层厚度(m)	累计厚度(m)	地层特征描述
1	Q_4	坡头黄土		S_0	1.72	1.72	暗红色，关节发育良好，虫洞，少量白色菌丝，菌核粗大，具有非常严重的湿陷性
2	Q_3	马兰黄土		L_1	17.11	15.39	黄褐色，稍湿，土壤均匀，虫洞发育良好，有少量黑点，切割面粗糙，岩心柱状
3				S_1	19.42	2.31	褐红色，稍湿，土质均匀，虫洞发育，有少量白色菌丝体，较少钙质结核，直径钙质结节1.0～2.0cm,岩心呈柱状
4				L_2	31.84	12.42	黄褐色，稍湿，土壤均匀，虫洞发育良好，有少量黑点，切割面粗糙，岩心呈柱状
5				S_2	35.52	3.68	褐红色，稍湿，土质均匀，虫洞发育，有少量白色菌丝体，较少钙质结核，直径钙质结核1.0～2.0cm,岩心呈柱状
6	Q_2^1	离石黄土(上部)		L_3	51.13	15.61	黄褐色，稍湿，土壤均匀，虫洞发育良好，有少量黑点，切割面粗糙，岩心呈柱状
7				S_3	56.19	5.06	红褐色，稍湿，土质均匀，虫洞、针孔发育良好，含少量白色菌丝，切刀截面粗糙，岩心短柱状
8				L_4	61.81	5.62	黄褐色，稍湿，土质均匀，结构稍密，节理、虫洞、针孔发育，岩心呈短柱状
9				S_4	65.37	3.56	棕红色，稍湿，土壤均匀，黏性强，虫洞发育，含少量白色菌丝体，较少钙质结核，岩心呈柱状
10				S_5	68.16	2.79	黄褐色，稍湿，土质均匀，结构稍密，节理、虫洞、针孔发育，岩心呈短柱状
11				S_5	72.12	3.96	红棕色，稍湿，土质均匀，含少量白色菌丝数量多，切面粗糙，岩心短柱状
12	Q_2^2	离石黄土(下部)		L_6	86.28	14.16	黄褐色，稍湿，土质均匀，节理、针孔发育，含少量白色菌丝体，岩心呈柱状
13				S_6	87.74	1.46	红棕色，稍湿，坚硬，土壤均匀，结构紧密，针孔发育良好，含大量黑点，切割面光滑，岩心柱状
14				L_7	89.96	2.22	黄褐色，稍湿，坚硬，土壤均匀，结构紧密，针孔发育良好，刀截面光滑，岩心柱状
15				S_7	91.01	1.05	红棕色，稍湿，坚硬，土壤均匀，结构紧密，针孔发育良好，含大量黑点，切割面光滑，岩心柱状
16	Q_1	午城黄土		WL	247.21	156.20	浅棕红色，湿，致密，坚硬，由一系列组成棕黄色黄土和棕红色古土壤
17	K_1	砂岩		K	—	—	不同风化程度，湿、软岩，泥质结构，层状构造上，裂隙较发育，整体完整性较好，岩心呈柱状

由表 1-1 可以看出，在埋深 91.01m 深处，可辨别出 S_7 的钙板层。S_7 以下地层被黄土覆盖，较难分辨。将剖面测量结果和洛川、西峰标准剖面对比，确定了年代地层、岩性地层和气候地层单元的分界位置和年代。该剖面黄土厚 247.21m，时代地层自 Q_4 至 Q_1，岩性地层自黄土状土、马兰黄土、离石黄土至午城黄土，层序完整。自黑垆土 S_0 到离石黄土底部 S_7，共可以划分出 15 个古气候地层单元，S_7 底界以下为午城黄土。

早胜一号隧道和早胜三号隧道在黄土层埋深 200m 左右，则其古土壤层处于午城黄土（Q_1）中。早胜一号隧道和早胜三号隧道的围岩主要以古土壤层为主，厚达十余米，与兰州九州台剖面中午城黄土的古土壤层厚类似，黄土层较薄。

1.2.3 地层特征

（1）早胜塬黄土地层高程特征

为了研究早胜一号隧道、早胜三号隧道及早胜塬地区黄土地层的顶面、底面高程特征，在新庄钻孔群上选取了 3 条线上的剖面点（图 1-4），同时选取早胜隧道沿线的剖面点（图 1-5），进行对比。

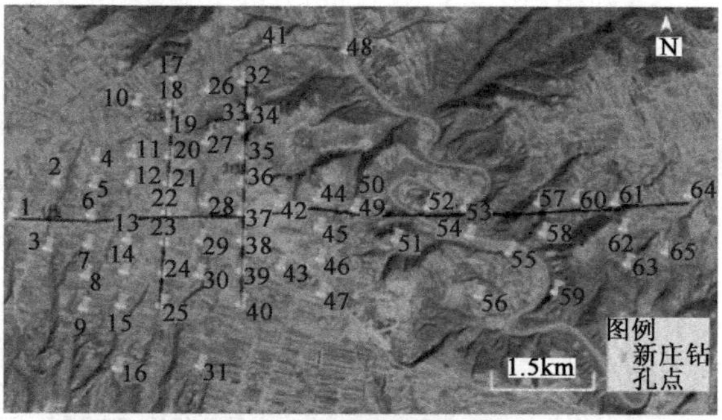

图 1-4　新庄钻孔群剖面点

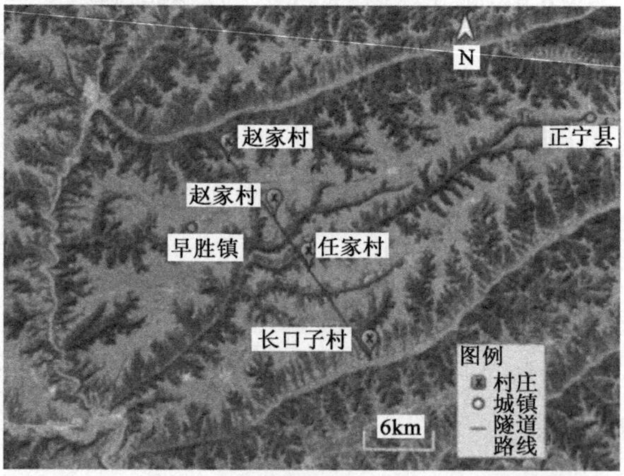

图 1-5　早胜一号隧道和早胜三号隧道沿线剖面点

图1-6、图1-7所示分别为1线黄土剖面高程对比图和早胜塬黄土地层顶、底面高程示意图。马莲河处的顶面高程最低,在900m左右,由马莲河向东延伸高程显著上升,正宁处的顶面高程为1400m左右。黄土地层底面高程与顶面高程的变化一致,由马莲河向东延伸高程显著上升。通过新庄剖面群、早胜一号隧道和早胜三号隧道所在剖面、正宁蔡峪村黄土剖面的顶面和底面高程对比可知,黄土地层底面高程从马莲河向东至子午岭逐渐升高,马莲河处的基岩高程(底面高程)为890m左右,子午岭处为1240m左右,相差约350m。当黄土地层沉积后,塬面有逐渐变缓的趋势,早胜塬塬面高程相差较小,所以导致了早胜塬向东厚度逐渐减小。

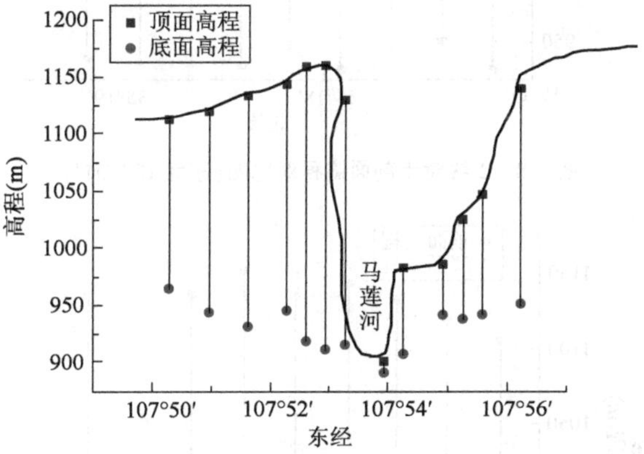

图1-6 1线黄土剖面高程对比图(北纬35°17′)

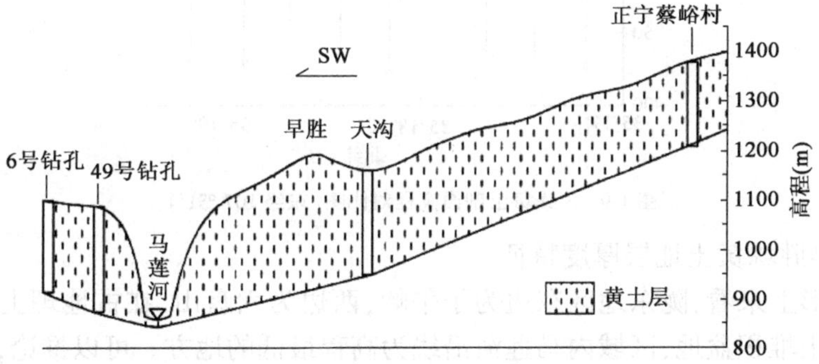

图1-7 早胜塬黄土地层顶、底面高程示意图

图1-8、图1-9所示分别为2线和3线黄土剖面高程对比图。从新庄剖面南北两条选线(2线和3线)来看,黄土顶面和底面高程存在波动起伏,但没有明显高差变化,基本在920~950m之间,顶面从南向北呈缓慢上升趋势。由此可以推断,早胜一号隧道和早胜三号隧道沿线的黄土地层中,南北方向的黄土地层顶面和底

面高程变化不大,顶面高程从南向北呈缓慢上升趋势。

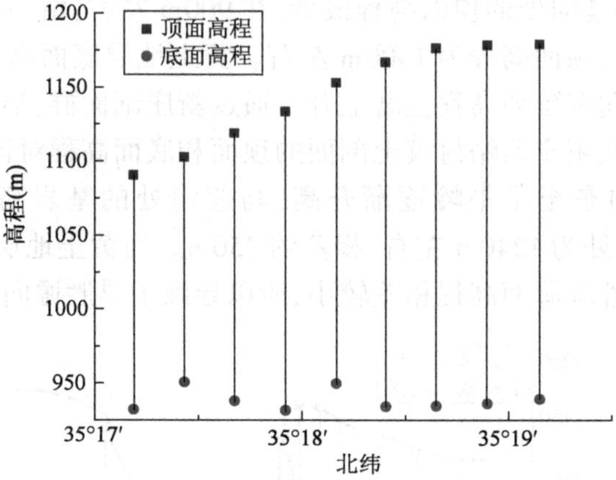

图 1-8 2 线黄土剖面高程对比图(东经 107 °51′)

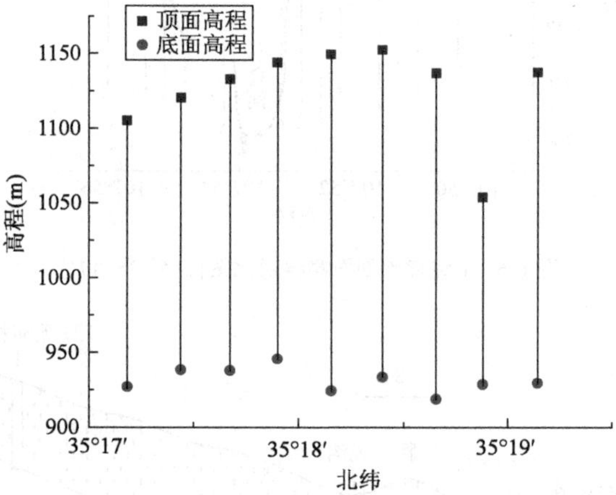

图 1-9 3 线黄土剖面高程对比图(东经 107 °51′)

(2)早胜塬黄土地层厚度特征

从地形上来看,陇东地区东边为子午岭,西边为六盘山,在古地理上为一厚度巨大的黄土堆积盆地,区域内马莲河沿线为高程最低的地方。可以推论,马莲河附近的黄土地层最厚,马莲河向东随着高程上升,越来越靠近子午岭山脉,黄土地层剖面逐步变薄;马莲河向西越来越靠近六盘山脉,黄土地层厚度也逐渐减小。马莲河沿线应该就是黄土堆积中心,并且由北向南黄土地层逐步变薄。孙建中曾提到过董志塬从地形来看就是盆地的中心,中间黄土厚,向四周渐薄。根据张贵义提到的石油钻探资料表明,董志塬北端的甜水堡、山城一带的实际黄土堆积厚度大于

300m，曲子、庆阳一带为260～280m，西峰的黄土厚度为250m左右，以及获得的新庄剖面厚度最大为250m左右的数据，马莲河沿线黄土地层厚度确实呈现由北向南渐薄的趋势，并且这些资料均比较靠近马莲河，从东西方向上分析，早胜塬中马莲河附近的黄土层厚度应该是最大的。

(3)早胜塬黄土—古土壤序列特征

由以上的地层剖面特征可以看出，早胜塬包括陇东地区的全新统黑垆土零星分布，埋深一般为1～2m以内，部分地区有时可达到7～8m。S_5古土壤地层是最明显的一个区域性标志层，在发现的地层剖面中，这一层一般没有缺失，在古土壤地层中厚度最大，一般可以达到5～8m。此地层剖面在离石黄土中颜色较深，成壤作用强，一般可以看到三层古土壤夹两层弱发育黄土层的特征。

早胜塬马兰黄土L_1普遍存在，厚度一般为8～9m，受构造影响，早胜塬离石黄土和午城黄土中的黄土—古土壤存在缺失的情况，厚度变化也较大，一般是厚度大的剖面，黄土和古土壤层数较少，层的厚度较大。

(4)第四系黄土沉积环境特征

黄土层和古土壤层交替分布是黄土地层的最基本特征，这种交替序列是第四系风尘堆积的形象反映，黄土层代表了冬季风强盛时期，气候寒冷干燥；古土壤层代表了夏季风强盛时期，气候温暖湿润。黄土塬地区的黄土—古土壤序列易于识别且连续性较好，是研究第四系气候变化的理想地质体。根据前文的黄土地层剖面对比显示出来的特征，可以推测早胜塬及陇东地区的第四系黄土沉积环境。

由陇东地区广泛发育的砾石、粉砂层、黏土、三趾马红土等地层可知，上新世早期气候是温暖湿润的，并且地形起伏高差不大，是一个广泛平坦的区域。在上新世晚期和早更新世早期，喜马拉雅山上升阶段，陇东地区构造抬升，地层遭受侵蚀，导致部分地区(特别是河流阶地上)上新统地层缺失或午城黄土的厚度较小，这些地区往往形成了一系列的盆地和谷地，并发育有大小不一的河流或湖泊，形成了三趾马红土和其上方的粉砂层、黏土层等河相沉积或湖相沉积地层。

早更新世中晚期离石黄土开始沉积后，离石黄土下部(S_7以下)的古土壤和黄土层数多，厚度薄，钙质结核层发育，说明这个阶段环境整体为高温湿润，但波动幅度小且频繁。离石黄土上部古土壤层与黄土层的厚度大，且黄土层厚普遍大于古土壤层，说明本阶段气候更替的周期延长，且干冷气候持续时间比湿热气候长。在该阶段还发育有一段时间较长的湿热期，形成了第五层古土壤S_5。

晚更新世早期有一段较长时间的湿热气候，所以大部分地区都沉积了第一层古土壤S_1，然后转变为较长时间的干冷气候，形成黄土层L_1。

1.2.4 水文地质条件

隧道区地下水类型主要为第四系松散层孔隙潜水，主要分布于黄土塬上部，含水层主要为中更新统黄土，黄土层既具有松散层孔隙潜水的一般特征，又具有裂隙水的水力性质。该层颗粒较粗，结构疏松，孔隙率高，是黄土塬区主要的含水层，也是地下水的储存空间和运移通道。地下水位线位于洞身以上，地下水位埋深受降雨量、黄土塬面大小、地形切割和黄土层厚度等因素控制，位于隧道西安端段四郎河至担水沟之间的南堡子村，塬面相对较窄。该村水井分布较少，地下水位埋深为80～90m，担水沟至惠家川之间的石家河村及任家村水井分布较多，地下水位东高西低，埋深为35～66m。总体上黄土梁塬中心地下水赋存条件相对较好，水位埋深浅，在沟谷切割较深地段，地表水及地下水排泄条件较好，地下水赋存条件相对较差。

隧道区内第四系松散层孔隙潜水补给主要为大气降水的垂直入渗和地表水的侧向、下渗补给。黄土塬发育深切沟谷，含水层均被切穿而形成互为相对独立的水文地质单元，孔隙水流向受到地形地貌的严格控制，一般与区内地形坡度相一致，地下水最终以泉的形式排泄至附近冲沟、河流。

隧道通过的主要地层为黄土梁塬沟壑区中更新统黏质黄土，受地形地貌影响，地下水补给条件一般，排泄条件较好，属贫水～弱富水区。隧道区地下水无侵蚀性。

1.3 研究现状

1.3.1 古土壤地层现状

黄土塬是中间宽广而平坦、四周沟谷深切的大型台地，实质上是被厚层黄土覆盖着的新近纪的剥蚀面。早胜一号隧道与早胜三号隧道穿越早胜塬和宫河塬，塬面平坦宽阔，微向东南倾斜，塬中心倾角近1°，边缘倾角3°～8°，塬周边冲沟发育，切割深度一般为150～200m，白垩系地层在冲沟底部或侧部有出露，黄土塬外围分布黄土残塬及梁峁沟壑区（图1-10）。

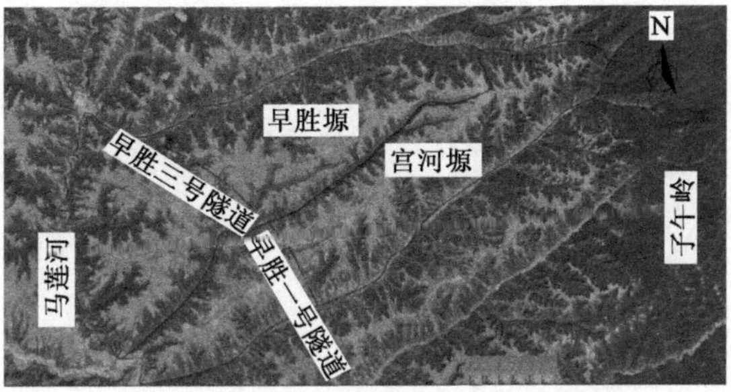

图 1-10 早胜塬和宫河塬

1.3.2 研究现状评述

通过对国内外研究现状的总结和分析可知，目前黄土塬区古土壤地层中的大断面隧道开挖和支护技术的主要特征如下。

（1）由于黄土本身的工程特性及其特点，在隧道开挖之后，围岩的自稳能力弱，难以形成压力拱，其围岩变形具有自身的特点，具体表现为变形量大、初期的变形速度快、持续的变形时间长等。

（2）在砂质黄土大断面隧道施工过程中，要切实坚持浅埋暗挖法隧道的施工原则，即"管超前、短进尺、强支护、快封闭、勤量测"，尽量缩短掌子面到初期支护封闭成环之间的距离和施工时间，以减小隧道围岩变形。

（3）黄土隧道严禁采用爆破开挖，应采用"机械 + 人工配合"的开挖方式，并根据黄土本身工程特性，综合考虑隧道埋深、含水率及新老黄土地层差异，结合隧道的施工进度要求，最终确定大断面黄土隧道的施工工法。

通过以上的分析可知，国内外学者对黄土隧道开展了大量的研究，针对黄土的工程特性形成了一系列的黄土隧道变形控制技术，提出了更加科学、合理的黄土隧道适宜性施工技术，在黄土隧道的支护结构理论上也取得了长足的进步。

但黄土地层中穿越软塑古土壤的隧道修建技术问题仍未得到广泛的关注，相关课题的研究也只是针对具体的施工流程提出了相应的可行性方案，在软塑古土壤地层隧道修建技术方面并未形成完整的施工技术体系。同时，软塑古土壤地层隧道局部围岩变形特征与岩性接触带性质息息相关，岩性接触带的工程力学特性对隧道围岩稳定性和支护体系的影响尚未得到足够的关注。

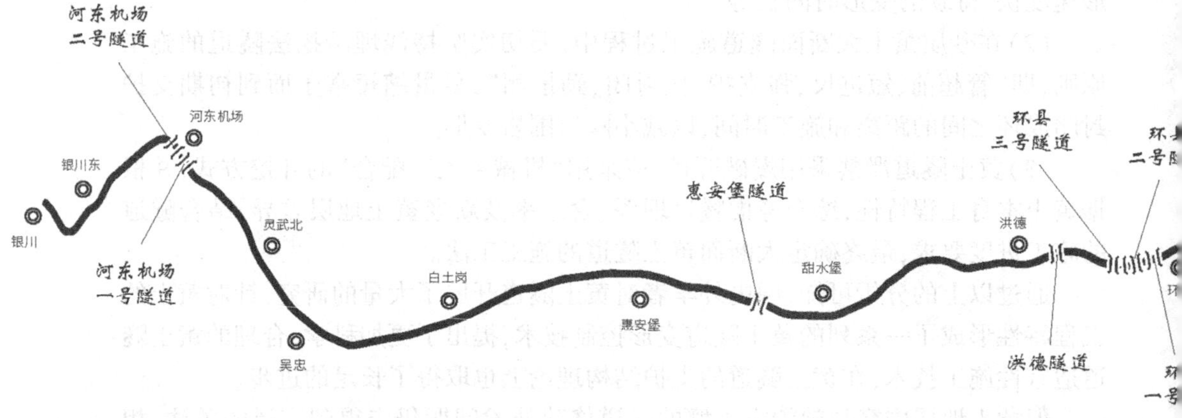
河东机场
二号隧道
河东机场
银川东
银川
河东机场
一号隧道
灵武北
吴忠
白土岗
惠安堡
惠安堡隧道
甜水堡
洪德
环县
三号隧道
洪德隧道

第2章 古土壤地层围岩工程特性

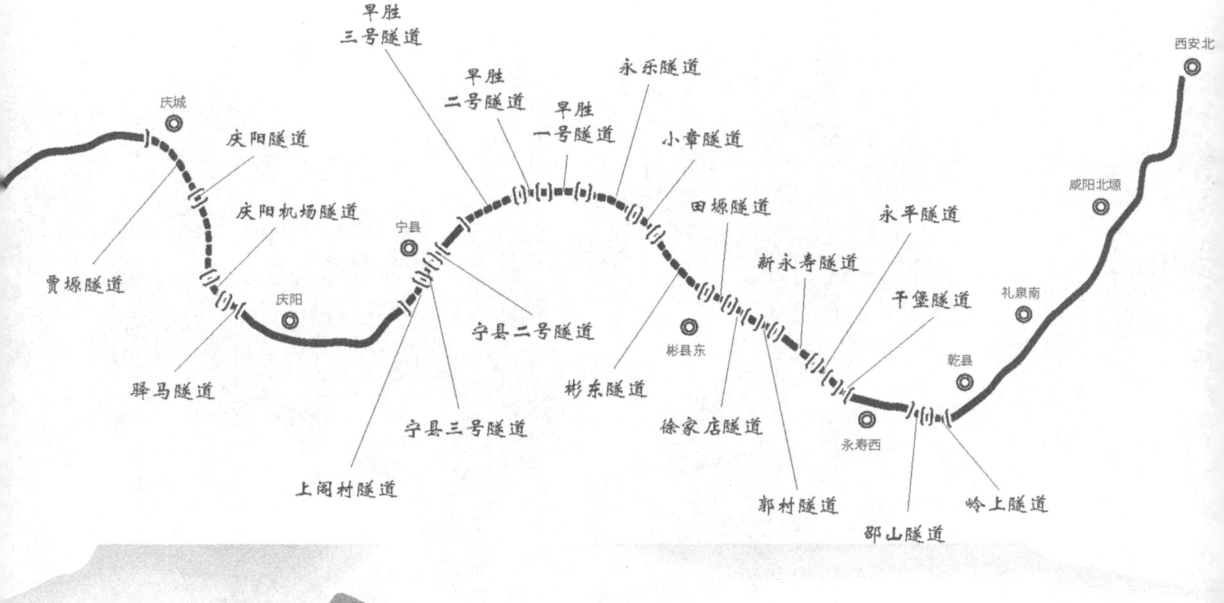

2.1 物理性质及微观结构分析

2.1.1 试验标准

取样地点位于银西高铁早胜三号隧道正洞古土壤层，深度约为200m，试样颜色偏红褐色，坚硬～硬塑，内部含有较多直径2～10mm不等的颗粒状钙质结核。取样确保无扰动、无污染，现场使用保鲜膜包裹密实并记录取样位置及编号。制样过程中，为了尽量减少试验过程中试样分层可能对试验结果造成的影响，采用静压法制取直径为39.1mm、高度为80mm的标准三轴试样（图2-1）。同时，为了削弱重塑土分层面力学性质薄弱的特点，将制取得到的试样放入保湿缸中静置2d。

图2-1　标准三轴试样

本次试验根据《土工试验方法标准》（GB/T 50123—2019）的规定，在西安科技大学土工试验室进行，测试的物理性质指标包括：天然含水率（w）、天然密度（ρ）、干密度（ρ_d）、塑限（w_p）、液限（w_L）、塑性指数（I_P）、液性指数（I_L）。测试结果见表2-1。

古土壤物理性质各项指标平均值　　表2-1

指标	w	w_p	w_L	I_P	I_L	ρ	ρ_d
	%			—		g/cm³	
平均值	14.1	18.5	46.47	27.97	-0.09	2.145	1.87

由表2-1可知，古土壤塑性指数量值较大，说明土粒较细，比表面积较大，含水率较高；液性指数为-0.09，小于0，则说明土体处于坚硬状态。

利用筛析机对标准筛内碾压烘干后的试样进行振动筛分，筛分结束后分别称量各孔径筛上剩余土颗粒的质量，见表 2-2。

试样粒径筛分记录表 表 2-2

标准筛孔径(mm)	试样质量(g)	比例(%)
5	500.0	100.0
2	495.0	99.0
1	473.0	94.6
0.5	254.5	50.9
0.25	171.5	34.3
0.075	46.0	9.2

由于土颗粒试样粒径跨度较大，绘图时横坐标取试样粒径，纵坐标为小于某粒径的土颗粒含量，绘制得到古土壤颗粒级配曲线(图 2-2)。

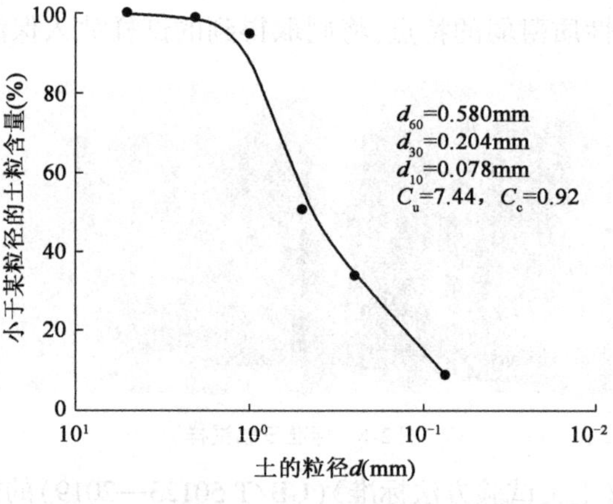

图 2-2 颗粒级配曲线

进而计算得到古土壤试样不均匀系数 C_u 以及曲率系数 C_c：

$$C_u = \frac{d_{60}}{d_{10}} = \frac{0.580}{0.078} = 7.44 \tag{2-1}$$

$$C_c = \frac{d_{30}^2}{d_{10} \cdot d_{60}} = \frac{0.204^2}{0.078 \times 0.580} = 0.92 \tag{2-2}$$

由于 $C_u > 5$，$C_c < 1$，表明古土壤试样属于级配不良试样。

2.1.2 试验操作

(1)试验设备

①X 射线衍射仪;②扫描电镜;③核磁共振孔隙分析仪;④非金属超声检测分析仪,如图 2-3 所示。

a)X射线衍射仪

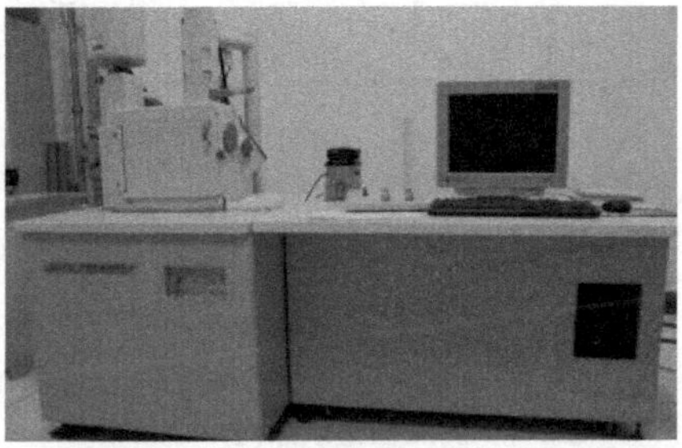

b)扫描电镜

c)核磁共振孔隙分析仪

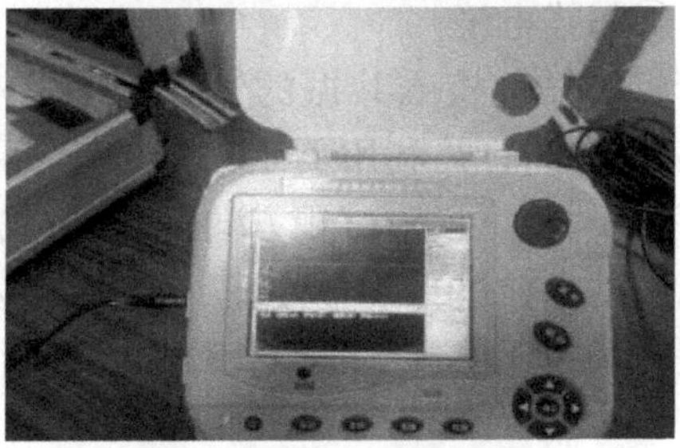

d)非金属超声检测分析仪

图 2-3　试验设备

(2)试验方法

选取经过超声检测分析仪测试频率相同的试样 5 个,并分成 5 组。分别进行 0、2、4、6 和 8 次干湿循环试验。减湿过程采用自然风干,增湿过程利用加压饱和法进行,测点布置及试验过程分别如图 2-4、图 2-5 所示。根据多组试验,认为风干条件下 2d 时试样由饱和态变化为天然含水状态;加压饱和条件下 1d 时试样含水达到饱和状态。同时,为了减小试验过程造成的误差,扫描电镜和核磁共振试验采用同一试样进行。

①核磁共振

将经历干湿循环的饱和试样连同聚氯乙烯(PVC)管一起放入核磁共振仪内进行试验,并调整试验参数。具体参数如下:射频延时 $RFD = 0.002\text{ms}$;模拟增益 $RG1 = 20\text{dB}$;数字增益 $DRG1 = 3$;90°脉宽 $P_1 = 34\ \mu\text{s}$;180°脉宽 $P_2 = 68\mu\text{s}$;前置放大

倍数 $PRG = 1$；等待时间 $T_W = 2000$ms；回波时间 $T_E = 0.21$ms；回波个数 $NGCH = 2000$；累加次数 $N_S = 16$；主频 $s_f = 12$MHz；频率漂移 $o_1 = 479043.8$Hz。

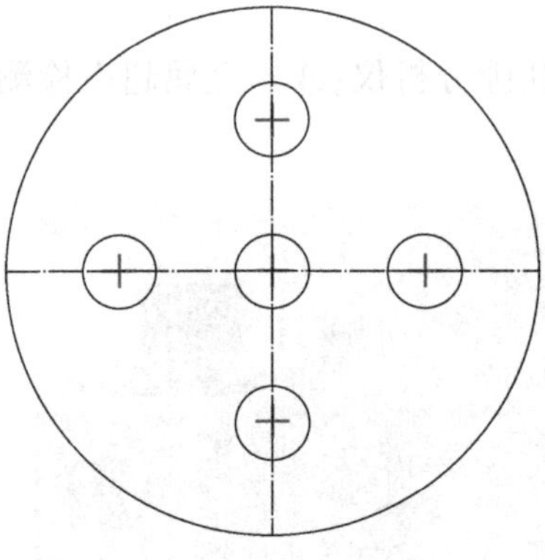

图 2-4　测点位置示意图

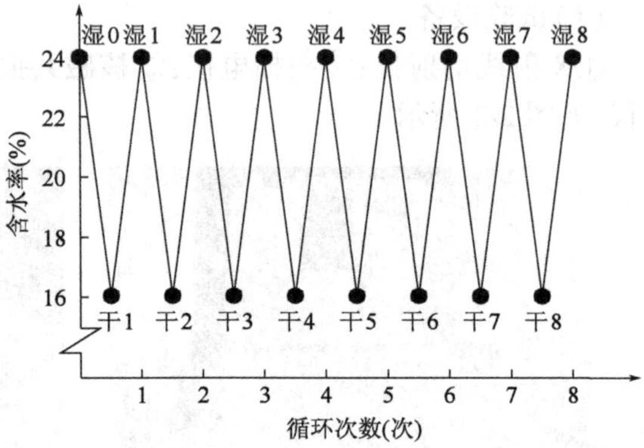

图 2-5　干湿循环过程示意图

②扫描电镜

将扫描过核磁共振的试样剥去 PVC 管，利用削土刀将试样切削成 20mm × 20mm × 20mm，并利用美工刀深加工为 10mm × 10mm × 10mm 的试样。在自然条件下风干，将试样沿沉积方向掰开，形成新鲜面，吹去试样表面松散土屑，并将贴好导电胶的土粒进行喷金处理。最后，将喷金后样品放入扫描电镜中观察，寻找具有代表性的单元体和土粒间孔隙放大不同倍数进行观察。

2.1.3 试验结果与分析

(1)古土壤的 X 射线衍射结果

根据 X 射线衍射结果，古土壤中主要成分为石英、长石、方解石、伊利石、绿泥石以及赤铁矿，其中石英占总含量的 45.4%，而赤铁矿仅占总含量的 1.0%，如图 2-6所示。古土壤矿物成分与黄土矿物成分相比，表现出石英含量较小，伊利石含量较多，方解石含量最多的特点。同时，古土壤中赤铁矿的大量出现，也说明了古土壤形成过程中化学风化作用强烈。

(2)不同放大倍数下古土壤的扫描电镜结果

将试验试样分别放大 500、1000、2000 和 5000 倍获得扫描电镜图像，如图 2-7所示。从已有图像来看，放大 1000 倍的图像中所蕴含的孔隙和颗粒信息最多、最为全面，因此利用放大 1000 倍的图像进行图像处理，提取所需信息进行定量分析；放大 2000 倍的图像骨架结构更加全面，因此利用放大 2000 倍图像进行定性分析。

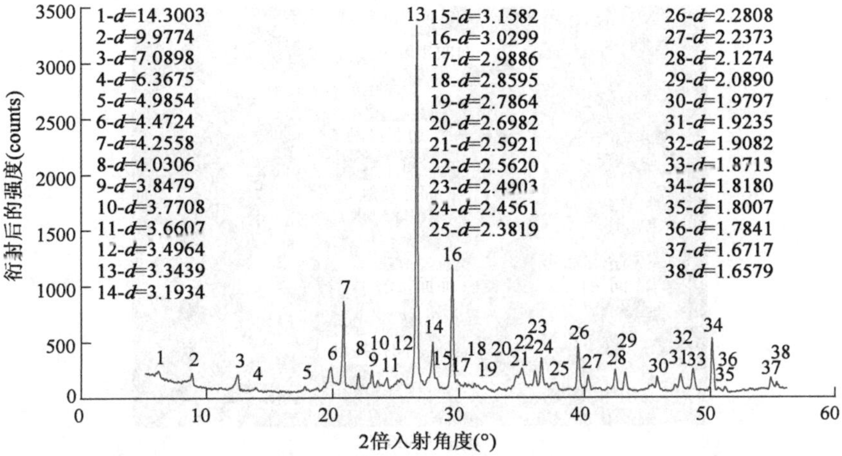

图 2-6　X 射线衍射结果

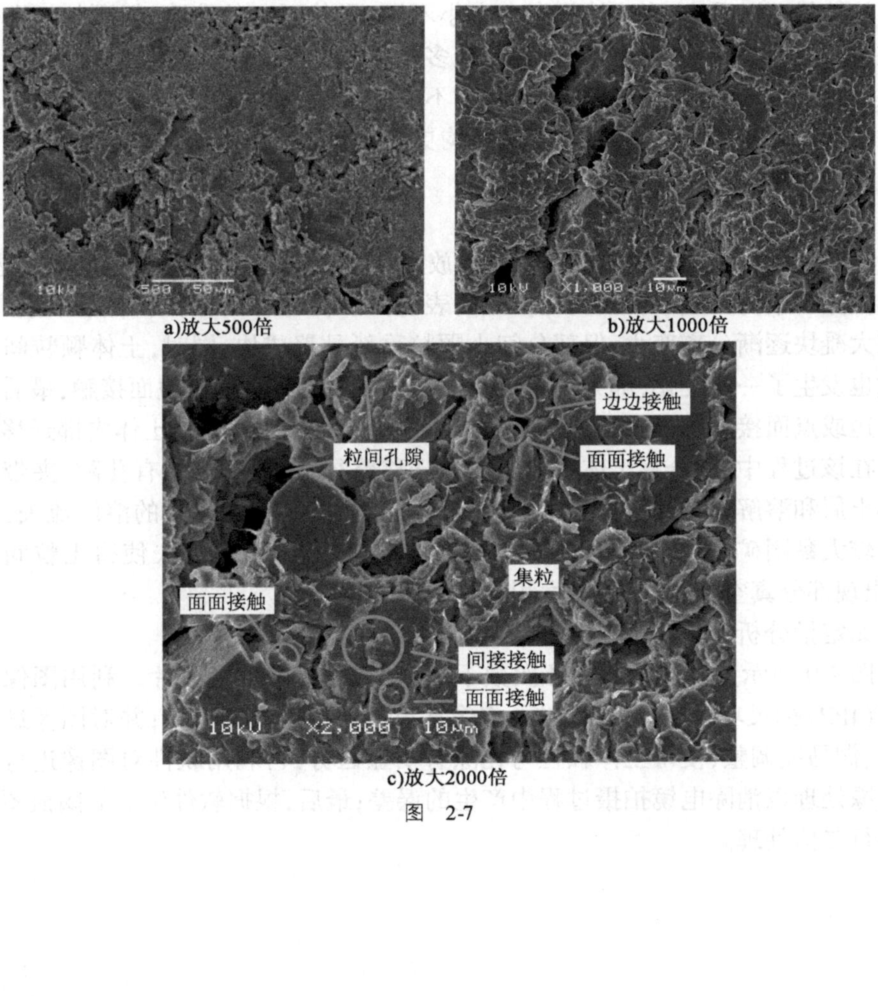

a)放大500倍　b)放大1000倍

c)放大2000倍

图　2-7

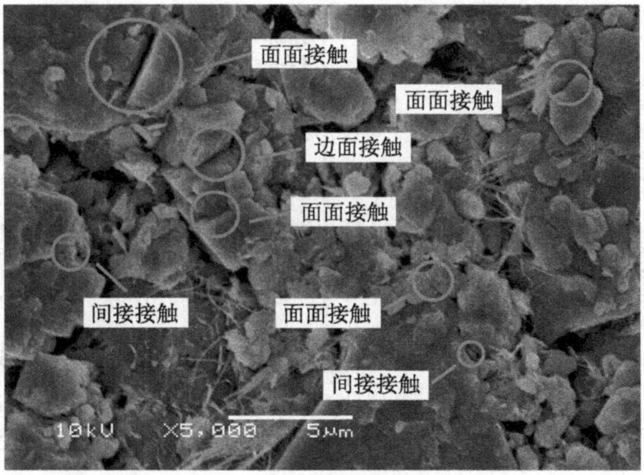

d)放大5000倍

图2-7 不同放大倍数下古土壤微观结构

从结果可以看出,古土壤间存在大小不同、形状不一的孔隙,但颗粒间孔隙面积较小;同时粒状颗粒凝块发育,含有较多集粒;另外,颗粒主要以间接接触、面面接触形式为主,含有较少边面接触,几乎不存在点接触,只有存在较大外力作用时土粒间接触才会破坏,因此古土壤的结构更加稳定。

(3)扫描电镜结果分析

①定性分析

图2-8所示为不同干湿循环次数下放大2000倍图像。随着干湿循环的进行,土体孔隙和结构发生了明显变化。主要表现为土体颗粒间黏粒矿物不断减少,部分较大凝块逐渐分离变小,但部分细小颗粒重新黏聚成块;同时,土体颗粒间接触形式也发生了一定变化,部分接触形式由面面接触逐渐过渡为边面接触,最后发展为边边或点面接触的形式。分析认为不断干湿循环实为水分在土体内部迁移的过程。在该过程中,水分将土体中孔隙作为迁移路径,反复冲刷原有孔隙、夹带部分细小土屑和溶解部分黏土矿物,使得孔隙不断增大;易溶性矿物的溶解流失,使得部分较大黏团矿物被逐步分离打散;同时,部分矿物的溶解流失使得土粒间被架空,出现部分真空带,粒间接触面积逐步减小。

②定量分析

图2-9所示为不同干湿循环次数下放大1000倍的电镜照片。利用图像分析软件(IPP)标尺功能进行刻度校标,将像素单位转换为长度单位;并对图像进行对比度、伽马度调整,使得土体颗粒与孔隙有明显区分;再利用软件对图像进行锐化和边缘处理以消除电镜拍摄过程中产生的误差;最后,根据软件生成的阈值图对试样进行二值处理。

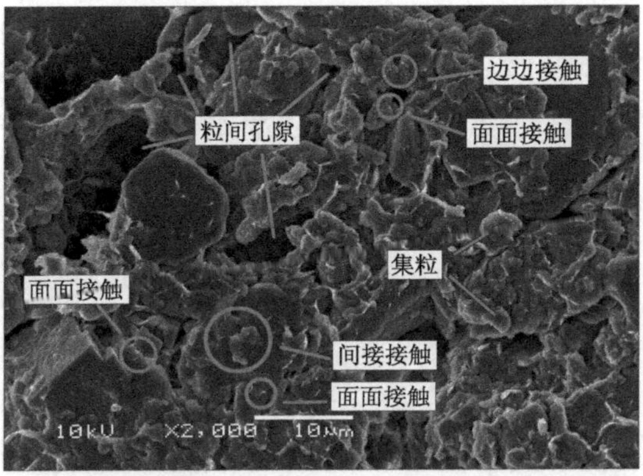

a)0次

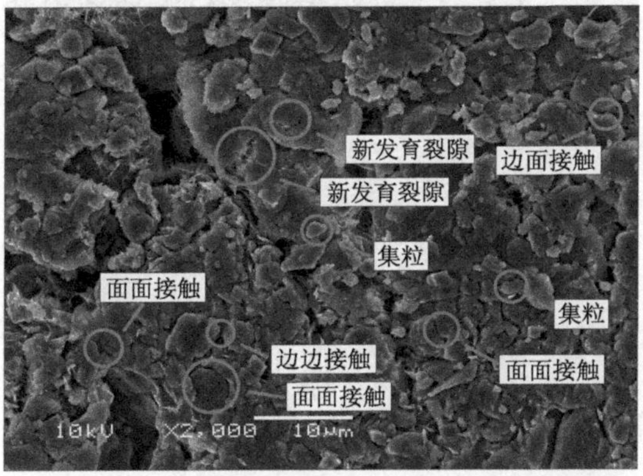

b)2次

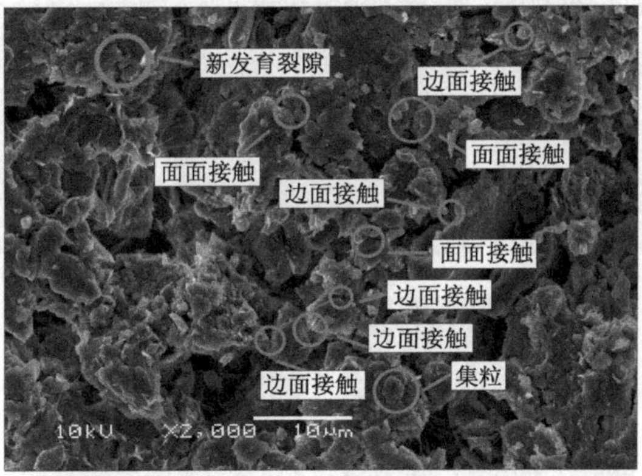

c)4次

图 2-8

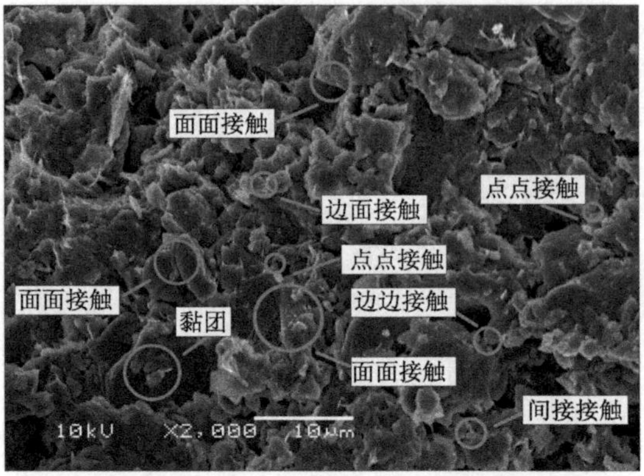

d)6次

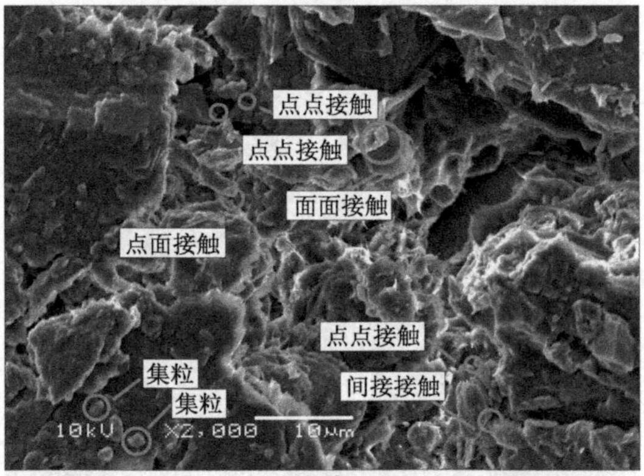

e)8次

图 2-8　不同干湿循环次数下放大 2000 倍图像

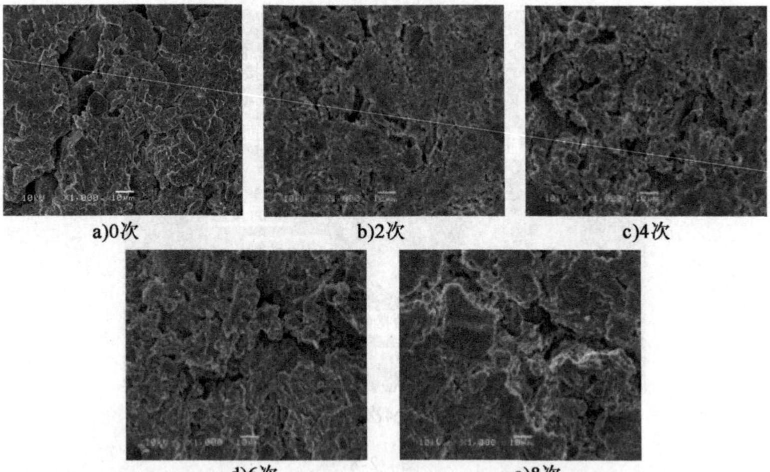

a)0次　b)2次　c)4次　d)6次　e)8次

图 2-9　不同干湿循环次数下放大 1000 倍图像

在 IPP 软件中选择提取颗粒微观形态的参数,本次试验重点分析干湿循环对颗粒的孔隙,土粒丰度、分形维数的影响。

a. 颗粒孔隙。

利用一个面积与颗粒单元体或孔隙的实际面积相等的圆的直径作为颗粒单元或孔隙的平均直径 D,计算公式为:

$$D=\sqrt{\frac{4S}{\pi}} \tag{2-3}$$

式中:S——孔隙面积(mm^2)。

在利用 IPP 软件进行土体孔隙测量的过程中发现,古土壤孔径较小,且细小孔径孔隙所占比重较大。因此,选择雷祥义基于压汞试验得到的孔隙分类方法更为合适。将古土壤中孔隙分为大孔隙($D>0.016$mm)、中孔隙(0.004~0.016mm)、小孔隙(0.001~0.004mm)和微孔隙($D<0.001$mm)四类,并结合干湿循环结果,绘制出干湿循环次数与各组孔隙所占百分比的关系曲线,如图 2-10 所示。

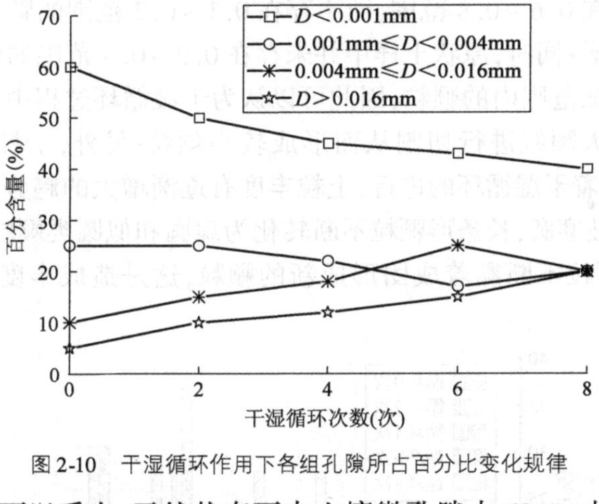

图 2-10 干湿循环作用下各组孔隙所占百分比变化规律

从图 2-10 中可以看出,天然状态下古土壤微孔隙占 60%,小孔隙占 25%,微孔隙和小孔隙占到了绝大多数。与雷祥义基于压汞试验得到的黄土孔隙情况相比,古土壤微孔隙所占比例较大,小孔隙比例较小,大、中孔隙含量相当。在水分迁移过程中,古土壤具有使得湿润峰垂向运移速率明显降低的特点,说明土体在固结过程中,隔水作用有效地限制了古土壤中孔隙的发展,形成了以微小孔隙为主的特点。

但在实际工程中,土体反复遭受增湿—减湿过程的影响,随着干湿循环的进行,微孔隙呈现出与循环次数负相关的变化规律,且在进行第二次循环时,变化幅值最大;整体上,小孔隙也表现出随循环次数增加孔隙逐渐减小的类似规律,但在进行第 8 次干湿循环时,曲线略微上调,可能是因为部分黏性矿物重新充填孔隙造成;中孔隙和大孔隙均随着试验的进行,呈现出与循环次数成正相关的变化规律。同时,可以看出古土壤微观结构的定量与定性研究具有很好的相关性,也再次说明在干湿循环过程中,微小孔隙不断发育、扩展、贯通形成中孔隙和大孔隙。

b. 土粒丰度。

丰度 C 为土粒短轴与长轴长度的比值,范围为 0 ~ 1,用于衡量颗粒接近平面的程度。其计算公式为:

$$C = \frac{B}{L} \tag{2-4}$$

式中:B——土粒短轴长度;

L——土粒长轴长度。

图 2-11 为土粒丰度随干湿循环次数的变化规律,从图中可以看出原状土样的丰度值主要集中在 0.6 ~ 0.8 范围,而不存在 0.1 ~ 0.2 范围的颗粒,因此认为古土壤颗粒更趋于圆形;同时,原状土样中并未存在 0.2 ~ 0.3 范围的颗粒,经历两次干湿循环后出现了该范围内的颗粒,因此可以认为干湿循环过程中,水分迁移会对迁移路径上部分较大颗粒进行切割从而形成较小颗粒;另外,土粒丰度变化较为复杂,但可以看出随着干湿循环的进行,土粒丰度有逐渐增大的趋势,因此认为干湿循环使得颗粒不断被磨圆,长条形颗粒不断转化为扁圆和似圆类颗粒。但水分切割大颗粒的同时,小颗粒不断黏着成团形成新的颗粒,这是造成丰度变化较为复杂的原因。

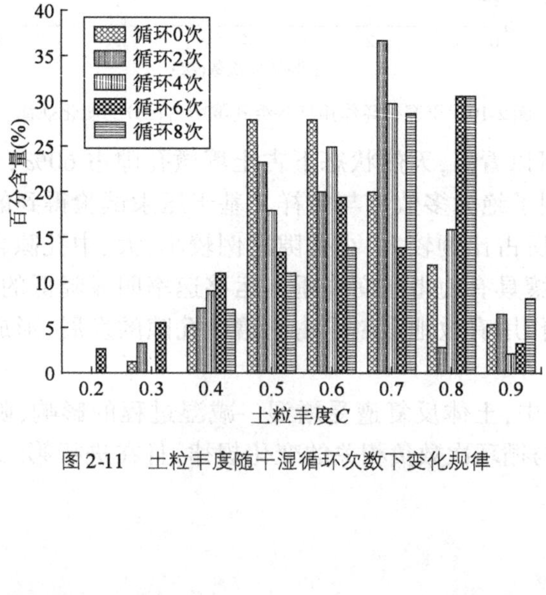

图 2-11 土粒丰度随干湿循环次数下变化规律

c. 分形维数。

分形维数主要通过盒计数法和等效面积周长等方法衡量土颗粒单元的粗糙程度,其计算公式为:

$$\lg(Perimeter) = \frac{d}{2 \times \lg(Area) + c} \tag{2-5}$$

式中:*Perimeter*——颗粒的等效周长;

Area——土粒的等效面积;

d——土粒的分形维数;

c——拟合常数。

图 2-12 为不同干湿循环次数下土粒分形维数变化规律曲线。天然状态下古土壤分形维数为 1.5878,而黄土的分形维数在 1.2000 左右,相比之下,古土壤分形维数较大,分布较为集中。

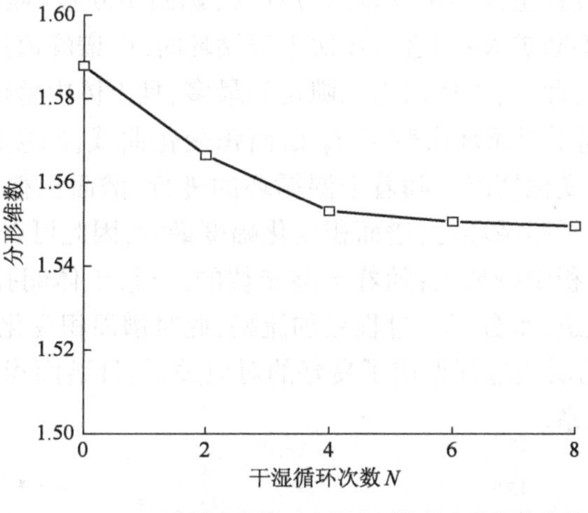

图 2-12　不同干湿循环次数下土粒分形维数变化规律曲线

随着干湿循环进行,古土壤分形维数整体呈递减趋势,在经历 2 次干湿循环时,减小幅度最大。分析原因认为,干湿循环过程中水分不断冲刷并溶解黏性矿物,使得原有土体颗粒不断被分解打磨,形成大小不一的颗粒,从而造成颗粒分形维数逐渐降低。

(4)基于核磁共振技术的孔隙结构分析

图 2-13 为不同干湿循环次数下 T_2 谱分布情况。T_2 谱主要包括 3 个峰,其中有 1 个主峰和 2 个次峰。主峰对土体孔隙分布影响较大,主要分布在 0.15 ~ 1.2ms 范围内,且随着干湿循环的进行,主峰 T_2 谱均在此区间分布。

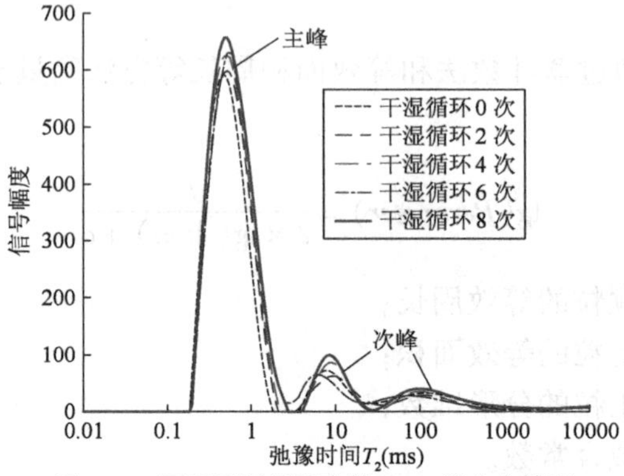

图 2-13 不同干湿循环次数下 T_2 谱分布情况

在经历0次干湿循环时，T_2谱峰值最低，分布区间最小，此时土体孔隙较小，且以小孔隙为主；随着干湿循环的进行，峰值大致呈现增加的趋势，且图谱不断向右侧推移，干湿循环过程土体经历反复水分迁移，黏团不断被溶解，细小颗粒随着土体析出，原有孔隙不断扩大；当进行8次干湿循环时，图谱峰值达到最大，所覆盖的弛豫时间范围最长，此时，土体内大孔隙达到最多，且土体内整体孔隙达到最多。

图2-14为不同干湿循环次数下 T_2 谱面积变化曲线，间接反映了土体内孔隙体积随循环次数的变化情况。随着干湿循环的进行，谱面积整体呈现不断增大的趋势。当进行2次干湿循环时，谱面积变化幅度最大，因此可以认为刚开始进行干湿循环时对孔隙体积影响最大；随着干湿交替的进行，土体间孔隙越来越多，形成更多的水分迁移通道，水分迁移过程更加流畅，此时谱面积变化幅度逐渐减小。该结果与图2-13中的反演过程形成了良好的对应关系，且谱面积与干湿循环次数间存在较好的函数关系。

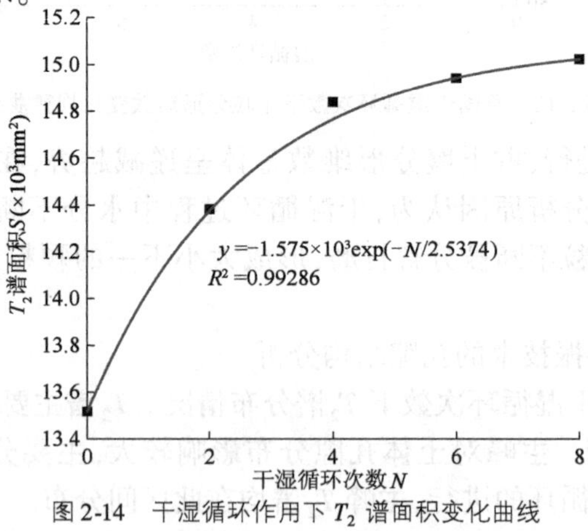

图 2-14 干湿循环作用下 T_2 谱面积变化曲线

2.2 力学特性

2.2.1 试验操作

力学试验采用应力—应变控制动静三轴仪(图2-15)。该试验仪器能够完成常规应力路径试验以及自定义复杂应力路径试验,可以模拟地震荷载、交通荷载、工程施工、基坑开挖等各种复杂工况。整套试验仪器主要由体变测量装置、加载架、三轴室、多通道压力控制器、计算机、主控制器和伺服控制器组成。

图2-15 应力—应变控制动静三轴仪

由于土体应力历史、排水条件、开挖方式的不同,在施工过程中,往往表现出不同的变形规律。在室内试验过程中,由于三轴试验具有侧向压力相同的特点,因此一般通过定义平均剪应力 p 和广义剪应力 q 反映应力路径情况,具体如下式:

$$p=\frac{\sigma_1+2\sigma_3}{3} \tag{2-6}$$

$$q=\sigma_1-\sigma_3 \tag{2-7}$$

根据应力路径的区别,大致分为以下七类:①各向等压(HC)试验;②常规三

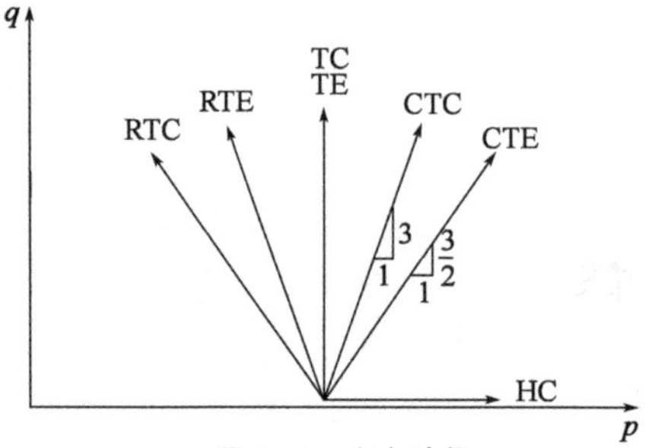

图 2-16　应力路径

轴压缩(CTC)试验;③常规三轴伸长(CTE)试验;④平均主应力为常数的三轴压缩(TC)试验和三轴伸长(TE)试验;⑤减压的三轴压缩(RTC)试验;⑥减载的三轴伸长(RTE)试验;⑦等比加载(PL)试验。p-q 平面应力路径如图 2-16 所示。

考虑到该试验仪器自身的局限性,本节仅对轴向加载(常规三轴压缩/CTC)和侧向卸载(减压的三轴压缩/RTC)2 种路径进行了系统研究。试验采用应力控制模块进行,全程手动控制,保持加载速率为 0.02kPa/min 进行三向同步等压固结不排水(CU)试验,先期固结净围岩压力分别为 200kPa、300kPa、400kPa、500kPa。根据李家贵的相关研究,认为固结过程体变在 2h 内不超过 0.0063cm³,并且排水量在 2h 内不超过 0.012cm³时达到稳定状态。随后,保持 0.02kPa/min 的加(卸)载速率分别进行保持围岩压力不变增加轴压或轴压不变逐渐减小围岩压力的三轴剪切试验。试验过程中,将轴向变形达到 16.4% 视为试验结束的条件,绘制应力—应变曲线。同时,将试验完成的试样进行核磁共振测试,得到 T_2 谱,并通过相关公式转化为相应孔隙情况。土体应力路径试验条件见表 2-3。

土体应力路径试验条件　　表 2-3

应力路径	控制方式	试样编号	固结围岩压力(kPa)	卸荷速率(kPa/min)
轴向加载(CTC)	应力控制	A-1	200	0.02
		A-2	300	
		A-3	400	
		A-4	500	
侧向卸载(RTC)	应力控制	B-1	200	0.02
		B-2	300	
		B-3	400	
		B-4	500	

2.2.2 试验结果与分析

(1)典型应力—应变曲线

图 2-17、图 2-18 分别为轴向加载和侧向卸载条件下得到的土体应力—应变曲

线。从图中可知,偏应力随着应变的增加而逐渐增大,但增长速率逐渐减缓。根据前期研究成果,古土壤中黏土矿物含量较高,在双强度效应下,古土壤中黏聚力首先发挥作用,其次内摩擦角发挥作用。因此,在2种应力路径下,古土壤的应力—应变关系均表现出应变硬化的现象;同时,2种应力路径试验得到的应力—应变曲线均呈现明显的阶段性特点。在开始时,土的应力—应变关系大致为线性;当偏应力增长到某一值时,应力—应变关系表现出明显的非线性;另外,土体变形与初始围岩压力表现出一定的相关关系。当土体初始围岩压力较大时,土体颗粒间孔隙被压缩,使得土体结构致密,从而在相同外力条件下产生较小变形。最后,对轴向加载与侧向卸载得到的试验结果进行拟合,发现 ε_1 与 $\varepsilon_1/(\sigma_1-\sigma_3)$ 呈现良好的线性关系,如图2-19所示。因此,认为在这2种应力路径下,土体应力—应变关系符合双曲线模型。

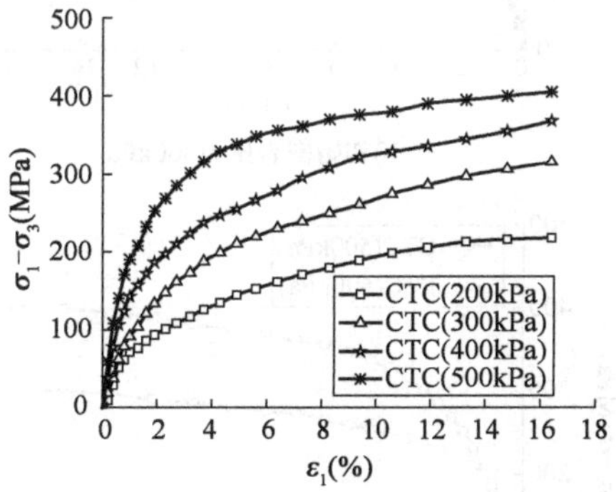

图 2-17　轴向加载条件下应力—应变曲线

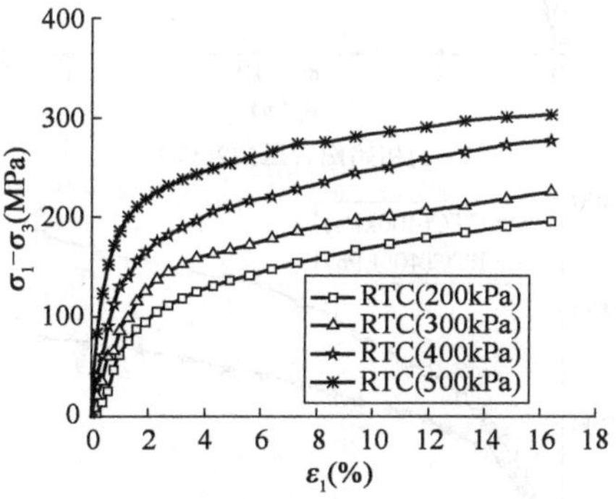

图 2-18　侧向卸载条件下应力—应变曲线

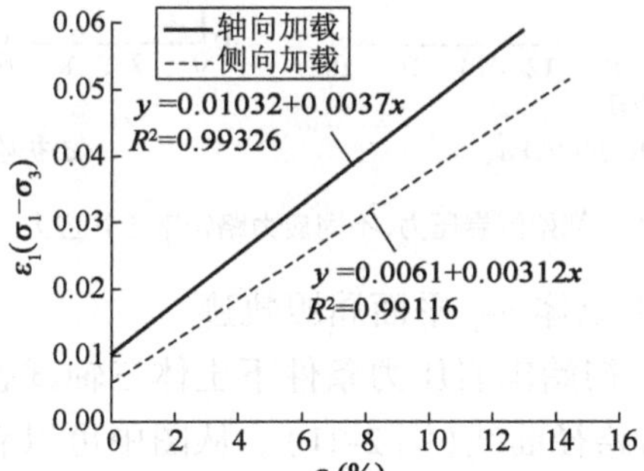

图 2-19　不同应力路径下土体应力—应变拟合曲线

为了研究应力路径对土体应力—应变关系的影响规律,将相同初始围岩压力、不同应力路径的土体应力—应变曲线置于同一坐标系内,如图2-20所示。从图中可以看出，相同初始围岩压力下，轴向加载得到的应力—应变曲线总是位于侧向卸载应力—应变曲线的上侧，即相同偏应力条件下，轴向加载产生的变形明显小于侧向卸载条件下的土体变形。同时，轴向加载应力路径更有利于土体弹性阶段的发展，且随着初始围岩压力的增加，该效应表现得更为明显。

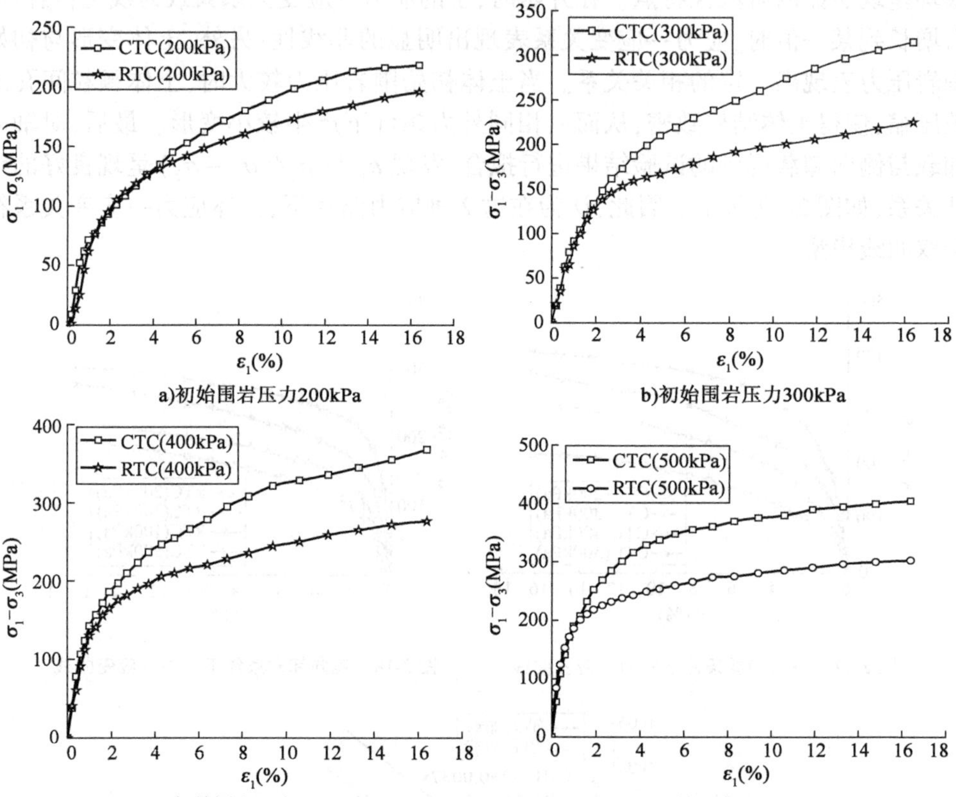

a)初始围岩压力200kPa　b)初始围岩压力300kPa

c)初始围岩压力400kPa　d)初始围岩压力500kPa

图 2-20　相同初始围岩压力、不同应力路径下土体应力—应变曲线

(2)不同应力路径下土体 p-q 平面屈服轨迹

通过不同应力路径、初始围岩压力条件下土体三轴试验，得到总应力路径下土体 p-q 值，并绘制成应力路径曲线(图 2-21)。从图中可以看出，2 种应力路径条件下，土体的 p-q 曲线均呈现良好的线性关系，但应力路径的不同使得曲线斜率分别表现出大于 1、小于 1 的特点；同时，相同应力路径下，曲线变化趋势一致，空间位置表现出两两平行的关系。初始固结围岩压力直接决定了 p-q 曲线的位置，即曲线起点横坐标为等向固结的固结压力。相同围岩压力下，2 种应力路径对应曲线

并不关于 $p=p_{\sigma初始}$ 对称。

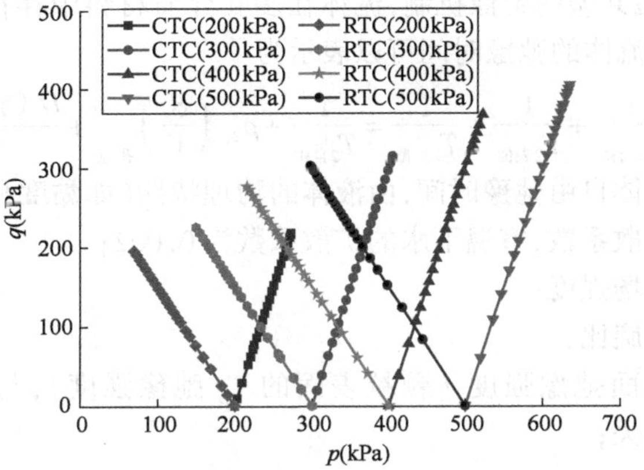

图 2-21 不同应力路径、初始围岩压力下土体总应力路径曲线

(3)不同应力路径下土体强度特征

通过三轴试验得到不同路径、各级初始围岩压力条件下的峰值强度,并依据莫尔—库仑强度准则计算出相应剪切强度,见表 2-4。

不同应力路径条件下的土体强度 表 2-4

应力路径	峰值强度(kPa)				黏聚力 c (kPa)	内摩擦角 φ (°)
	200	300	400	500		
轴向加载	220	321	337	409	45.3	13.2
侧向卸载	173	195	284	303	28.4	11.27

注:200、300、400、500 均表示围岩压力。

从表 2-3 可以看出,侧向卸载试验与轴向加载试验均呈现出随初始围岩压力增加土体峰值强度增加的正相关关系。因此,认为增加初始围岩压力对于提高土体强度起到了关键作用。同时,相同初始围岩压力条件下,土体经历侧向卸载使得峰值强度明显降低。通过在 σ-τ 平面内拟合库仑方程,得到 2 种不同应力路径下土体的剪切强度。轴向加载条件下,土体黏聚力和内摩擦角分别为 45.3kPa 和 13.2°;而侧向卸载时,土体黏聚力和内摩擦角分别为 28.4kPa 和 11.27°。相比较可以看出,轴向加载时土体黏聚力为侧向卸载时黏聚力的 1.60 倍;而内摩擦角间表现为1.17倍的关系。因此,认为应力路径的不同对黏聚力产生了较大影响,对内摩擦角影响相对较小。同时,也说明工程建设中采用轴向加载试验得到的剪切强度量值较大,较为保守,具有较足够的安全性。

(4)不同应力路径下土体 T_2 谱分布情况

根据低场核磁共振的弛豫机制,流体在多孔介质材料中存在三种不同的弛豫机制。因此,孔隙流体的弛豫时间可以表示为:

$$\frac{1}{T_2}=\frac{1}{T_{2自由}}+\frac{1}{T_{2表面}}+\frac{1}{T_{2扩散}}=\frac{1}{T_{2自由}}+\rho_2\left(\frac{S}{V}\right)_{孔隙}+\frac{D\left(\gamma G T_E\right)^2}{12} \tag{2-8}$$

式中:$T_{2自由}$——液体自由弛豫时间,由液体的物理特性(如黏度和化学成分)决定;

D——扩散系数,室温下水的扩散系数为0.002;

G——磁场强度;

γ——磁旋比;

ρ_2——表面弛豫强度(颗粒表面的 T_2 弛豫强度),与土体的物理性质有关;

$\left(\frac{S}{V}\right)_{孔隙}$——孔隙表面积与流体体积之比,对球体而言,试样表面积与体积之比为 $r/3$。

在计算过程中,自由弛豫时间较大,且扩散弛豫时间较小,因此对上式进行简化,得到孔隙结构与弛豫时间的关系如下:

$$\frac{1}{T_2}=\rho_2\left(\frac{S}{V}\right)_{孔隙} \tag{2-9}$$

根据核磁共振试验结果,对弛豫时间选取对数坐标,结合反演结果,分别绘制了轴向加载和侧向卸载试验条件下 T_2 谱分布情况(图2-22、图2-23)。从图中可以看出,试验土体的 T_2 谱基本呈现3个峰,其中包括一个主峰和两个次峰,主峰面积占到了 T_2 谱面积的95%以上,对土体孔隙分布具有较大影响。同时,主峰主要分布在0.08~1.20 ms范围内。土体经历轴向加载或侧向卸载应力路径时,T_2 谱均表现出随着初始围岩压力的减小,峰值信号幅度逐渐上调、谱图逐渐右移的特点。

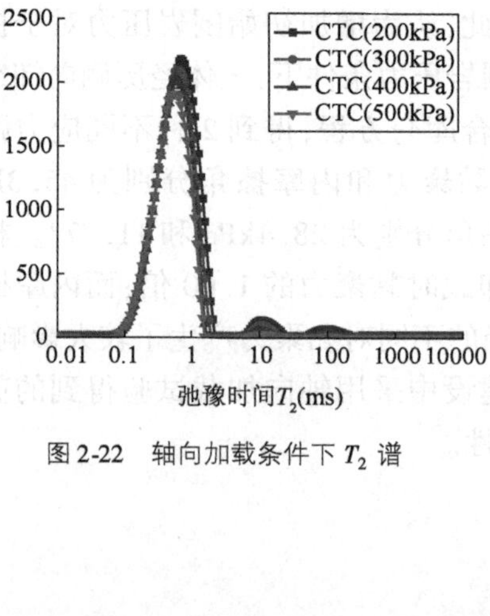

图2-22 轴向加载条件下 T_2 谱

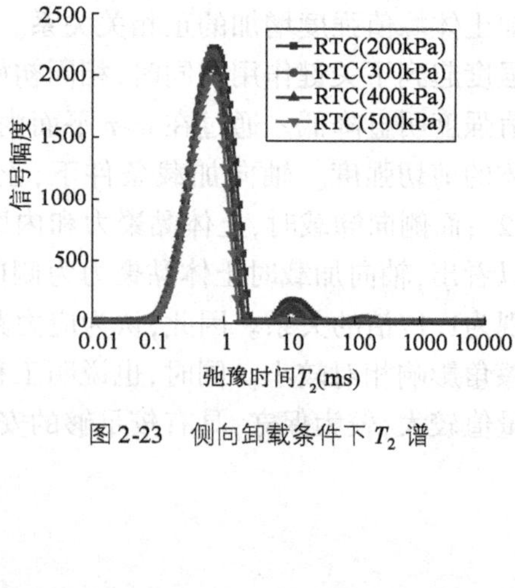

图2-23 侧向卸载条件下 T_2 谱

将初始围岩压力相同、应力路径不同的试样 T_2 谱图绘制在同一坐标系内，如图 2-24 所示。从图中可以看出，侧向卸载试验得到的 T_2 谱总是位于轴向加载试验得到图谱的上部、右侧。反映了相同初始围岩压力条件下，侧向卸载更有利于试样中孔隙的发展，解释了两种不同应力路径下土体应力—应变曲线所表达的变形特征。

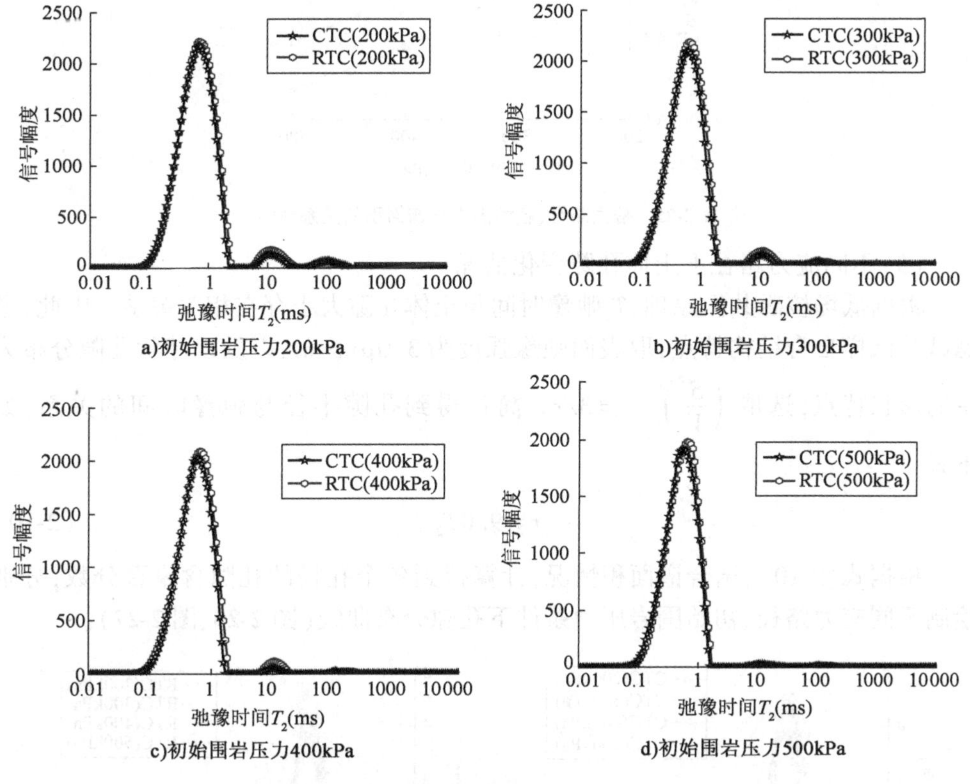

图 2-24　相同围岩压力、不同应力路径下 T_2 谱比较

根据式(2-9)可知，核磁共振 T_2 谱与土体孔隙情况呈现出良好的相关关系，因此，谱面积作为反映试验土体内部孔隙总量的指标，能够间接反映其孔隙情况。根据 2 种不同应力路径、初始围岩压力条件下得到的 T_2 谱面积，绘制应力路径、初始围岩压力与谱面积的关系曲线，如图 2-25 所示。从图中可以看出，相同围岩压力条件下，侧向卸载试验得到的谱面积总是大于轴向加载试验得到的谱面积；而相同应力路径下，初始围岩压力越大，谱面积越小，两者呈现良好的负相关关系。该结果与核磁共振得到的 T_2 谱图相吻合。

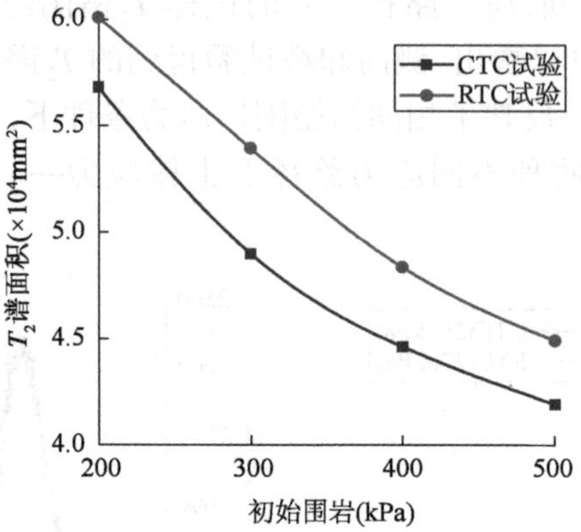

图 2-25　应力路径、初始围岩与谱面积的关系曲线

(5)不同应力路径下土体孔隙变化情况

根据低场核磁共振原理,T_2弛豫时间与土体孔隙大小存在相关关系。因此,考虑试验试样自身结构特点,取表面弛豫强度为 3.0μm/ms,以及以球状孔隙分布为主的形状特点,选取 $\left(\frac{S}{V}\right)_{孔隙}=3/r$。简化得到孔隙半径与弛豫时间的关系,如下式:

$$r=9.0T_2 \tag{2-10}$$

根据式(2-10),结合谱面积情况,计算得到各个孔径的孔隙含量百分数,分别绘制不同应力路径、初始围岩压力条件下孔隙分布曲线(图 2-26、图 2-27)。

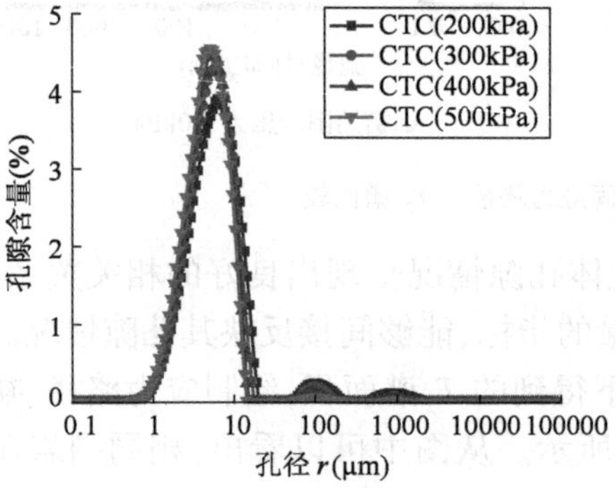

图 2-26　轴向加载应力路径下土体孔隙分布

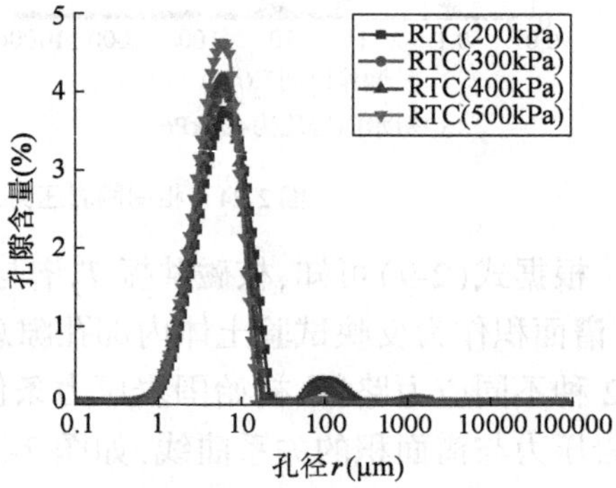

图 2-27　侧向卸载应力路径下土体孔隙分布

从图中可以看出,2 种应力路径下土体 T_2谱主峰所对应孔隙孔径主要集中在 0.8~12μm 范围,且孔隙含量峰值所对应孔径也在此范围内。同时,根据试验结

果可知，初始围岩压力越小，孔隙分布较为分散，较大孔径的孔隙含量较多；而初始围岩压力越大，孔隙分布相对集中，小孔径范围内孔隙较多。

为了更准确地反映土体内各孔隙的孔径变化规律，结合核磁共振试验结果特征，准确反映各组别尤其是百分含量较大组别的孔隙分布情况，将试验试样孔径划分为[0,1)、[1,2)、[2,5]、(5,20]、(20,50]、(50,200]、(200,1000]、(1000,3000]、(3000,6000](单位：μm，下同)9 组，并绘制土体孔径与各孔径孔隙百分含量的柱状图，如图 2-28 所示。从图中可以看出，土体孔隙孔径主要集中在 1～20μm，在试样孔隙含量中占比较大。随着初始围岩压力的增加，[1,2)和[2,5]区间范围的孔隙含量大多呈现增长趋势，而(5,20]范围内孔隙含量则呈现出减小趋势。相同初始围岩压力时，[1,2)及[2,5]区间范围内侧向卸载试验孔隙含量明显小于轴向加载试验得到的孔隙含量，但在(5,20]区间范围时，结果却相反。

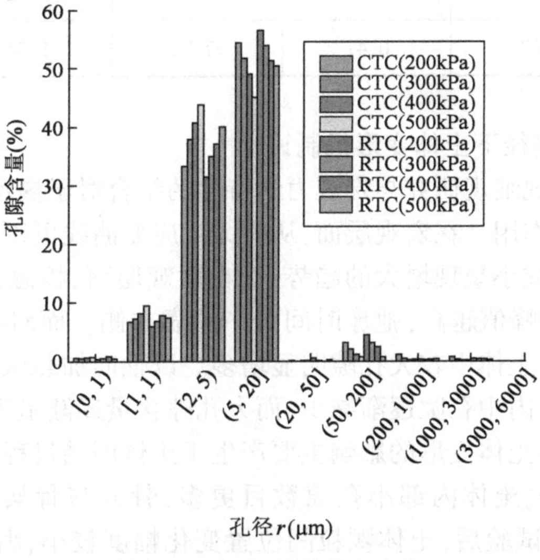

图 2-28 各组别孔隙分布情况

根据刘勇健和李彰明对土体孔径的分类标准，将孔隙依次分为小孔隙($r<1$μm)、中孔隙(1μm$\leqslant r \leqslant$20μm)、大孔隙(20μm$<r\leqslant$1000μm)以及超大孔隙(1000μm$<r\leqslant$3000μm)四类，试验结果汇总见表 2-5。从表中数据可知，试验用土的中孔隙含量占比较大，为总孔隙的 90% 以上，而微孔隙、超大孔隙含量极少。试验过程中，中孔隙含量随初始围岩压力的增加呈现增长趋势，而大孔隙含量呈现减少趋势；对比两种应力路径试验结果，相同初始围岩压力下，经历过轴向加载试验的试样拥有更多中孔隙，但大孔隙数目却少于侧向卸载试验；同样说明，当土体达到相同轴向变形时，初始固结压力、应力路径的不同会使得土体内部孔隙分布情况不同。

试验试样孔隙分布情况 表2-5

应力路径	初始围岩压力(kPa)	小孔径[0,1)	中孔径[1,20]	大孔径(20,1000]	超大孔径(1000,6000]
CTC	200	0.58	94.26	4.40	0.76
	300	0.49	96.86	2.47	0.18
	400	0.70	97.86	1.37	0.07
	500	0.71	98.35	0.91	0.03
RTC	200	0.38	93.78	5.37	0.47
	300	0.52	95.59	3.49	0.40
	400	0.88	96.09	2.62	0.41
	500	0.47	97.71	1.56	0.26

注:孔径单位均为μm。

(6)不同应力路径下土体变形机制讨论

土质结构的微观细观研究与宏观力学特性的结合对于揭示试验试样受力变形机制起到了决定性作用。在宏观层面,从应力—应变曲线可以看出,土体变形表现为随初始围岩压力减小呈现增大的趋势;而在微观层面,核磁共振结果显示,初始围岩压力越小,T_2谱峰值越高,弛豫时间分布越靠右侧。而对孔隙分布情况而言,初始围岩压力越小,土体中较大孔隙明显增多。以轴向加载试验为例,随着初始围岩压力的减小,土体内中孔隙逐渐减少,而大孔隙含量逐渐呈现增加趋势。分析认为,初始围岩压力对土体变形的影响主要产生于土体固结过程中,初始围岩压力越大,土体固结越充分,土体内部小孔隙数目更多,骨架与骨架间接触形式更加良好。经过三轴剪切试验后,土体颗粒间位置变化幅度较小,因此,产生较小变形。同样,从宏观及细观2个层面对不同应力路径土体变形规律进行分析,从宏观层面来看,相同初始围岩压力时,相同偏应力条件经历轴向加载的土体变形明显小于侧向卸载的土体;从细观层面看,根据核磁共振结果,相同初始围岩压力时,轴向加载试验T_2谱谱线总是位于侧向卸载试验T_2谱谱线下侧、左侧。结合孔隙分布情况,认为相同初始围岩压力条件下,侧向卸载试验更利于大孔隙的产生,抑制小孔隙的发展;同时说明,当轴向变形达到一致时,土体中蕴含的孔隙信息却不尽相同。

2.3 膨胀特性

2.3.1 试验操作

为对比不同含水率下古土壤膨胀性能的差异,进行了不同竖向压力下(0kPa、25kPa、50kPa、100kPa、200kPa)的有荷膨胀率试验以及不同含水率下(11.8%、13.5%、16.0%、18.2%、19.6%)的无荷膨胀率试验;另外还对比了不同含水率梯度下(11.8%、13.5%、16.0%、18.2%、19.6%)重塑古土壤与原状古土壤试样的膨胀力差异。该试验共制作标准原状环刀试样30个,重塑环刀试样10个,试样制备及试验设备如图2-29、图2-30所示。

图2-29 试样制备

a) b)

图2-30 试验设备

有荷膨胀率利用固结仪测定,其原理是测量某级荷载下浸水后试样的最大膨胀变形,无荷膨胀率是竖向荷载为0时的有荷膨胀率。按下式计算:

$$V_{HP} = \frac{R_t + R_p + R_0}{H_0} \times 100 \tag{2-11}$$

式中:V_{HP}——膨胀率(%);

R_p——压力p下仪器压缩变形(mm);

R_t、R_0——t时刻以及开始时刻的百分表读数(mm);

H_0——试样竖向高度(mm)。

无荷膨胀率利用膨胀仪测定，其原理是利用百分表直接测量环刀试样在加水后所能达到的最大膨胀变形，按下式计算：

$$V_H = \frac{R_t - R_0}{H_0} \times 100 \tag{2-12}$$

膨胀力利用固结仪测定，其原理是不断施加荷载以抵消试样加水后产生的膨胀变形，直至最终在某级荷载下试样变形稳定为止，膨胀力按下式计算：

$$P_P = \frac{W \times r}{A} \times 10 \tag{2-13}$$

式中：P_P——膨胀力(kPa)；

W——施加在试样上的总平衡荷载(N)；

A——试样的表面积(cm^2)；

r——固结仪的杠杆比。

2.3.2 试验结果与分析

(1)古土壤有荷膨胀率规律

图2-31为不同竖向荷载下试样竖向变形规律曲线。古土壤试样在竖向压应力作用下均出现了不同程度的压缩变形，最大变形量为0.16mm，此时上覆压力大小为200kPa，试样处于超固结状态。压缩变形在试验开始4h达到稳定并且在之后的1h变形量小于0.01mm，达到相关规范要求的稳定状态。试样在第5h开始浸水，浸水后试样迅速表现出了膨胀变形，变形速率在1~2h后迅速降低，曲线趋于平缓，最大膨胀变形量为0.14mm，与在荷载作用下的压缩变形量基本相当。

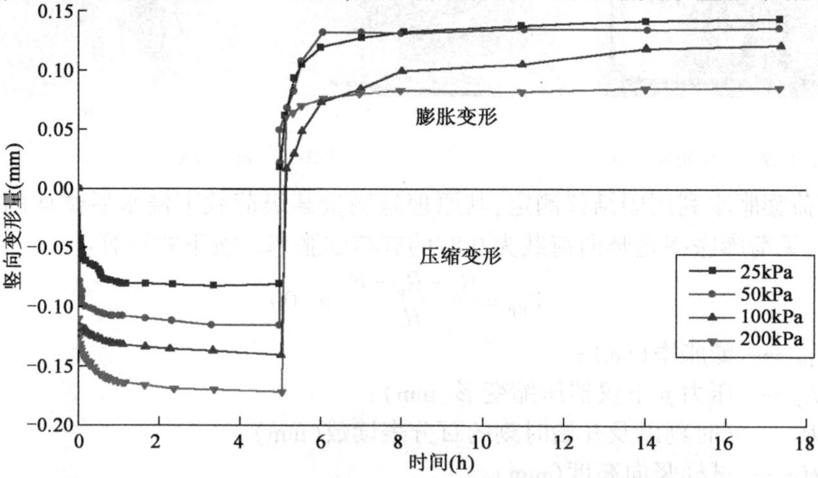

图2-31 不同竖向荷载下试样竖向变形规律曲线

图 2-32 为不同荷载下试样有荷膨胀率曲线，随着竖向荷载的增加有荷膨胀率呈指数减小，0～50kPa 竖向压力下有荷膨胀率曲线迅速降低，说明较小的竖向压力对于膨胀变形的抑制效果极为明显。之后随着竖向荷载继续增大，其对膨胀变形的抑制作用明显减弱。在实际地层中，古土壤夹层承受上部巨大的围岩自重压力，因此膨胀变形对于隧道支护结构的影响有限，对于古上壤主要考虑由含水率波动引起的膨胀力的变化。

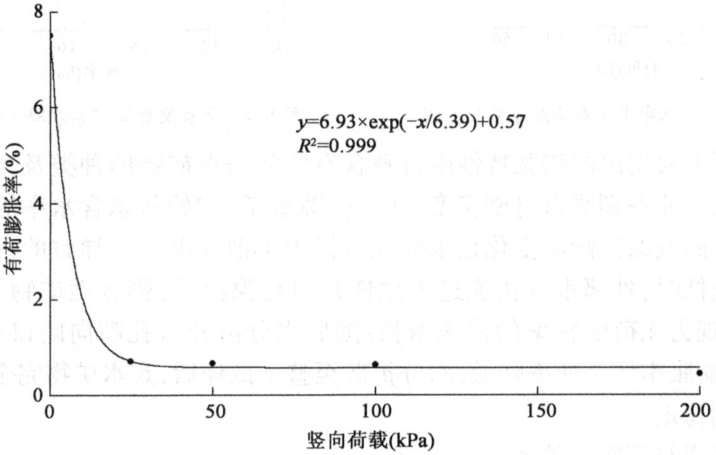

图 2-32　不同竖向荷载下试样有荷膨胀率曲线

函数拟合得到竖向荷载与有荷膨胀率表达式：

$$P = 6.93 \times \exp\left(\frac{p_0}{6.39}\right) + 0.57 \qquad (2\text{-}14)$$

式中：p_0——上覆荷载（kPa）。

（2）不同含水率下膨胀特性

①含水率与无荷膨胀率关系

图 2-33、图 2-34 分别为不同含水率下无荷膨胀率变化曲线及二者的关系曲线。试样在浸水后迅速表现出膨胀特性，前 1h 无荷膨胀率曲线斜率接近 90°，最大无荷膨胀率接近 8%，浸水后 1～7h 曲线增速放缓，最终在浸水 8h 后达到基本稳定状态。并且试样稳定后所能达到的膨胀率随着含水率的增加而减小，含水率高的试样在前期快速增长阶段所能维持的时间也较短。含水率与无荷膨胀率呈线性相关，拟合公式如下：

$$V_H = 17.54 - 0.82 w_0 \qquad (2\text{-}15)$$

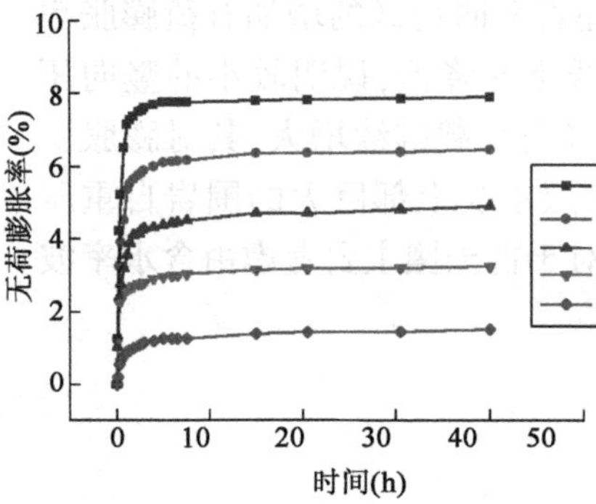

图 2-33　不同含水率下无荷膨胀率变化曲线

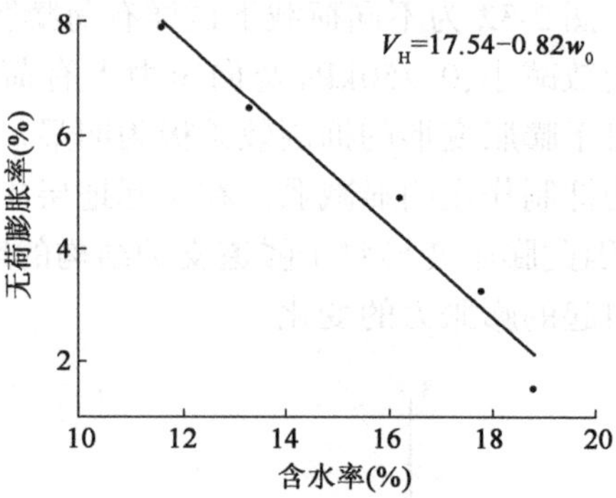

图 2-34　无荷膨胀率与含水率关系曲线

试样所能表现出的膨胀特性由自身含有的膨胀性矿物的种类及含量决定，遇水后膨胀反应速率则受自身密实度、开口孔隙数量、初始状态含水率等共同影响。无荷膨胀率曲线的三阶段变化是水分在试样中扩散速度变化导致的，前期试样含水率相对较低时，外部水分快速进入试样开口孔隙内部，膨胀性矿物与水迅速反应，宏观表现为无荷膨胀率的快速增长；随后水分由开口孔隙向闭口孔隙缓慢扩散，表现为膨胀率增长速率降低，水分扩散至整个试样后，亲水矿物完全反应，膨胀率曲线达到稳定。

②含水率与膨胀力关系

控制干密度和含水率制作重塑土试样，通过与原状土试样对比研究扰动对古土壤试样膨胀力的影响，其中与含水率对应的膨胀力是指古土壤试样从此含水率状态增长至饱和时所能释放的最大膨胀力，试验结果如图 2-35、图 2-36 所示。

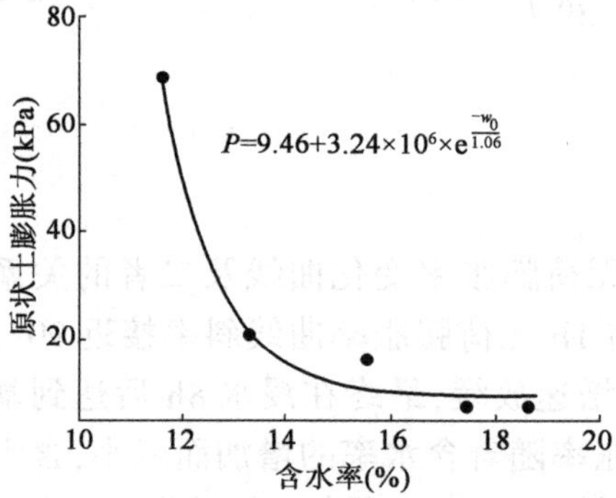

图 2-35　不同含水率下原状土膨胀力变形曲线

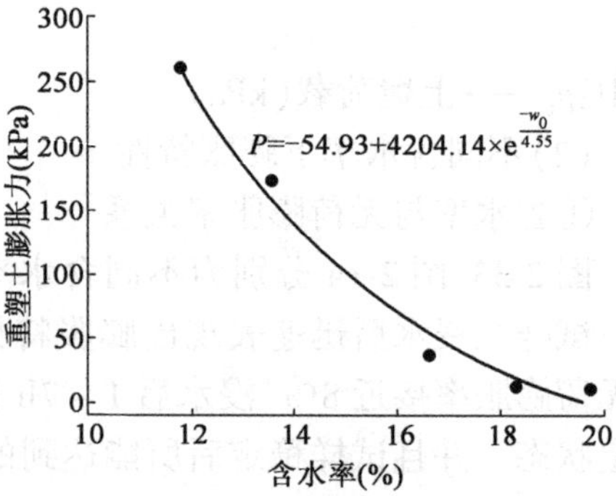

图 2-36　不同含水率下重塑土膨胀力变形曲线

由图 2-35 可知，膨胀力随着含水率的增加而逐渐减小，曲线变化符合指数函数规律。以含水率 16% 为分界点，在其左侧单位含水率增量对膨胀力的影响程度远大于右侧,说明随着含水率增加,试样对水分变化的敏感程度迅速降低。古土壤试样膨胀力表现出随着初始含水率增加而降低的特点是由于室内试验中古土壤试样所含有的膨胀性矿物成分含量相对固定,在前期试样制备阶段配置高于自然含水率的初始含水率试样时,加水导致了部分膨胀性矿物成分与水的提前反应,后续进行该初始含水率试样膨胀试验时所得的膨胀力实质是试样中剩余膨胀性矿物与水的继续反应。因此膨胀力曲线随含水率升高表现出了下降趋势,高含水率与低含水率试样间的膨胀力差值即为配置试样过程中加水导致的膨胀力损失量。

由图 2-36 可知,重塑土试样的膨胀力曲线相比于原状土试样更为缓和,并且表现出更大的膨胀力,最大为 250kPa,达到原状土试样膨胀力的 4 倍。这是由于重塑土试样在制备过程中其原状土试样的结构被破坏,经过筛分、洒水、静压后,重塑土试样的土颗粒级配、孔隙分布都较为均匀,闭口孔隙含量相对较少,水分更易与膨胀性矿物发生反应。

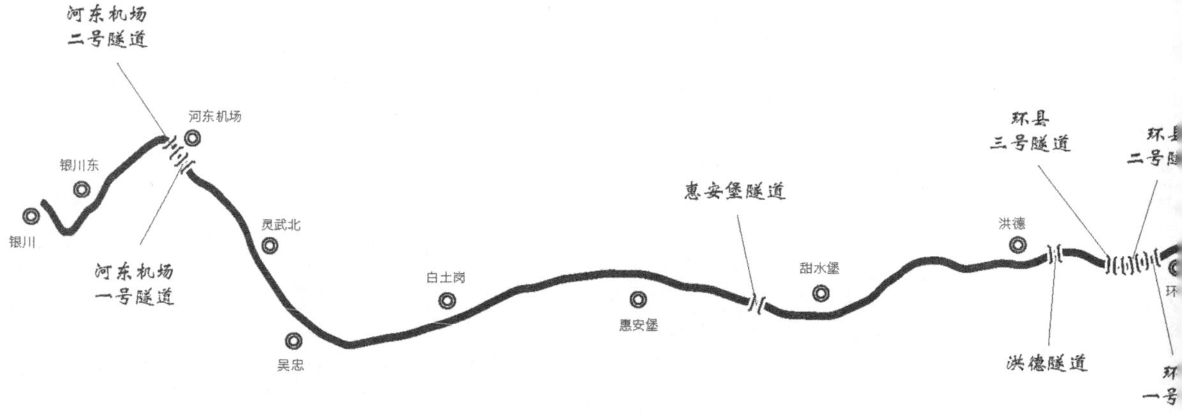
河东机场
二号隧道
河东机场
银川东
银川
灵武北
河东机场
一号隧道
吴忠
白土岗
惠安堡
惠安堡隧道
甜水堡
洪德
环县
三号隧道
洪德隧道

第3章

古土壤隧道围岩应力及支护结构受力分析

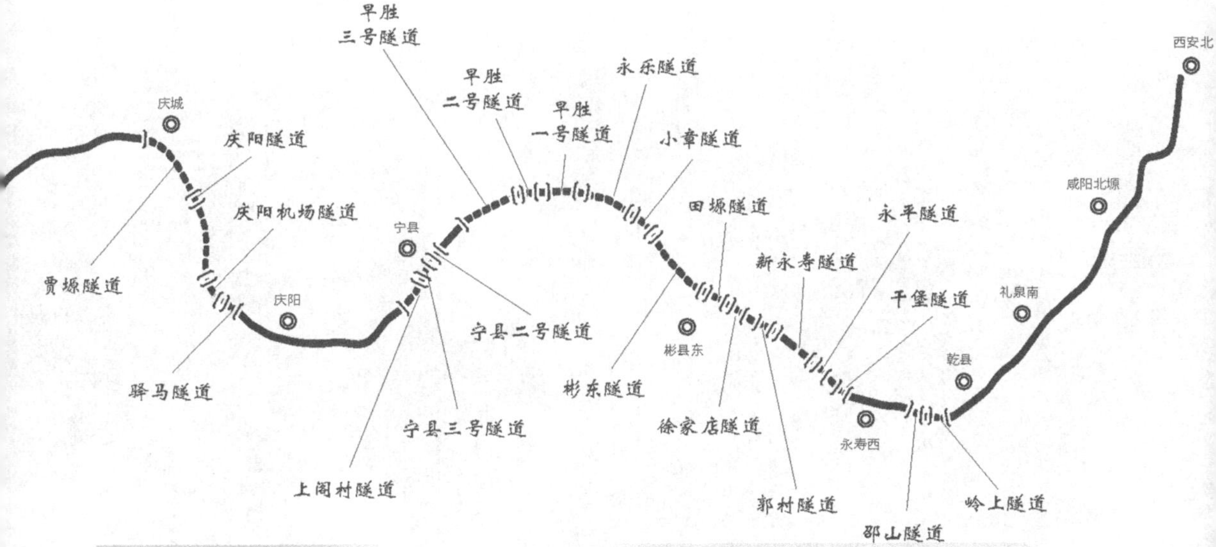

3.1

隧道围岩压力分布规律研究现状

对于隧道围岩压力分布规律及变形规律的研究，国内外专家学者已取得了一些成果。刘聪等以京沪高速济南连接线港沟隧道穿越断裂破碎带区域为依托工程，研发出了大型可拼装式地质力学模型试验系统，试验开挖过程中对位移变形和围岩应力变化实时监测，认为位移变形大致可分为“缓慢增加—急剧增大—稳定状态”三个阶段，水平收敛位移要早于拱顶沉降进入急剧增大阶段；应力变化也可分为“应力积聚—应力释放—稳定状态”三个阶段。金星亮等以重庆轨道交通5号线3标段浅埋扁平超大断面隧道为依托，对施工过程进行数值模拟，并结合现场监测结果对各施工阶段围岩的稳定性进行分析，认为扁平超大断面隧道拱顶受力面积大、受力部位下移、拱脚应力集中；拆除中隔墙时拱顶沉降幅度大，拱脚水平收敛对开挖过程较敏感；开挖完成时隧道仰拱隆起，应当及时封闭成环。段思聪等基于FLAC 3D，分别利用材料强度指标的折减与热胀性模拟膨胀土围岩的遇水软化与膨胀特性，研究隧道衬砌在相关过程中的受力规律；并且通过数值模拟分析了围岩在不同软化条件与膨胀特性下松动围岩压力的变化规律。杨军平等以广西南宁膨胀土为围岩材料，制作室内膨胀围岩隧道物理模型；并通过干湿循环试验，得出围岩在吸水及失水条件下的围岩应力—时间关系曲线及衬砌应变—时间关系曲线。靳金依托西宝高速公路改扩建工程中的塘家塬隧道，通过现场对围岩压力进行长期监测，认为围岩压力前期变化大，变化速率随时间逐渐减小，最后趋于平缓；拱肩围岩压力普遍大于拱脚围岩压力，仰拱所受围岩压力较小，且只在开挖前2～4d内迅速变化，后期基本不变。冯丙阳通过现场监测，认为隧道开挖后，围岩压力大体呈“蝴蝶形”分布，最大围岩压力一般位于拱脚处，最小围岩压力随初期支护作用时间的变化而变化，在初期支护早期，最小围岩压力多分布于拱顶处；在初期支护后期，最小围岩压力多分布于隧底处。杨帆通过对膨胀性软岩隧道围岩接触压力的监测，认为围岩的接触压力快速增加，当增加至某一数值后达到稳定且不再增加，最大接触压力出现在隧道左侧拱肩处；围岩质量较差的一端承受了较大的压力，并且这一压力主要集中于拱肩处。

通过以上文献可知：目前对于大断面隧道围岩压力的研究主要集中在现场监

测、模型试验以及数值模拟三种方式；通过研究，均认为隧道围岩压力大多经历了“快速变化—缓慢变化—趋于平稳”三个阶段；当围岩压力稳定时，支护结构与围岩相互作用会对围岩压力分布造成一定影响，且隧道断面形式、开挖方式、工程地质条件等因素均会对围岩压力分布规律产生影响。

3.2 隧道初期支护与二次衬砌接触压力情况

1）初期支护与二次衬砌接触压力随时间变化

图3-1为初期支护与二次衬砌接触压力随时间变化曲线。由图可以看出：测试断面拱脚上部测点（1～7号）接触压力的变化随时间可以划分为4个增长阶段，即“快速增大—减小—缓慢增大—趋于稳定”。

（1）快速增大阶段持续时间为3d左右，此时正处于模筑混凝土的硬化时期，由于模板台车的约束作用以及高温环境下混凝土硬化时可能产生的体积膨胀影响，二次衬砌与初期支护间的接触压力迅速上升，断面的最大接触压力达到150kPa，均处于拱顶位置。另外由于二次衬砌处于边墙以上的部分是一次性模板浇筑完成，有较好的整体性，因此相比初期支护在前期的波动增长状态，二次衬砌的应力增长曲线更为平整。

（2）随着二次衬砌混凝土的强度增长以及模板台车的拆除，曲线过渡到减小阶段，该阶段持续时间为2d。随着模板台车千斤顶作用力的移除，接触压力最大降幅达到83%，这是混凝土受力状态发生突变后自身内力再调整、再平衡的结果，大幅度的应力波动极易引起衬砌结构的整体不稳定，拆模时需要注意模板千斤顶作用力应逐级减小，以尽量减缓衬砌间作用力的突降。

（3）随着监测时间的延长以及混凝土强度的进一步上升，接触压力曲线过渡到缓慢增大阶段，持续时间为10d左右。此阶段二次衬砌仍旧处于应力调整的动态平衡阶段，由于二次衬砌自身强度高、容许变形量较小，属于强支护，平衡过程中围岩压力无法通过变形释放只能转换为二次衬砌混凝土的自身内力。

（4）二次衬砌闭合后约15d接触压力过渡到稳定阶段，稳定后的接触压力最大值出现在拱顶位置，为125kPa，该值较模板拆除前的最大值有一定程度的减小，断面接触压力均值为 80kPa 左右。

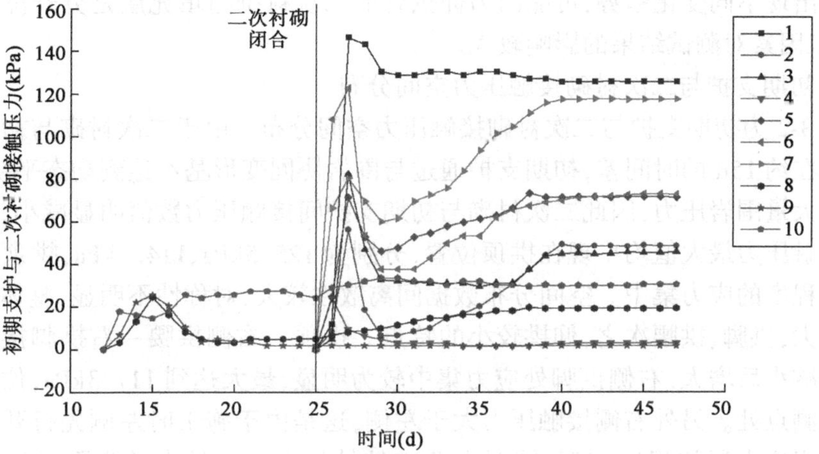

a) Ⅰ断面

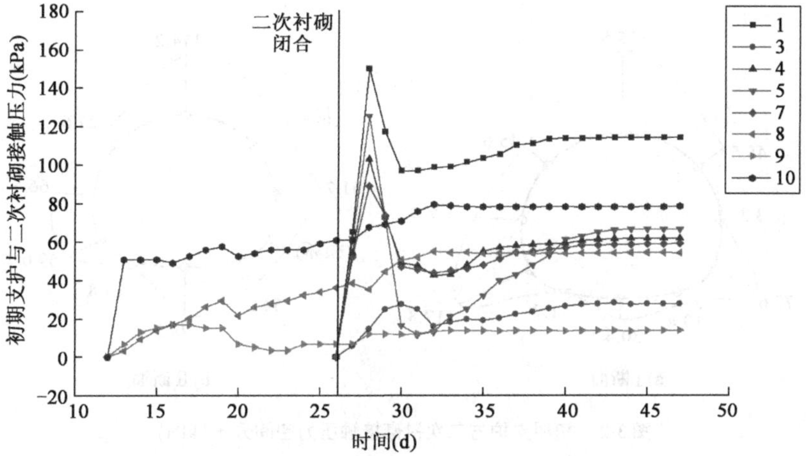

b) Ⅱ断面

图 3-1　初期支护与二次衬砌接触压力随时间变化曲线

仰拱测点(8～10 号)曲线变化则较为复杂，接触压力在混凝土浇筑约 3d 后迅速上升至 25kPa 左右，该值与仰拱填充层混凝土的自重相当(填充层厚度 2m)。随后接触压力呈现出相反的两种变化趋势，其中Ⅰ断面 10 号测点及Ⅱ断面 8 号、10 号测点接触压力在维持峰值的基础上开始缓慢上升，在经历了 20d 的增长后Ⅰ断面 10 号测点接触压力最终稳定在 30kPa，而Ⅱ断面则稳定在 78kPa 左右。Ⅰ断面 8 号、9 号测点以及Ⅱ断面 9 号测点则在达到接触压力峰值之后出现先降低后达到稳定的趋势，最终稳定值在5kPa左右。接触压力在不同测试断面的相同测点处出现不同变化趋势，可能因为仰拱处的二次衬砌与填充层是分开浇筑施工的，施工因素对测试结果的影响较大。

2）初期支护与二次衬砌接触压力空间分布

图3-2为初期支护与二次衬砌接触压力空间分布。由于二次衬砌与初期支护施工存在约15d的时间差，初期支护通过与围岩协同变形基本达到动态平衡状态，释放了大量围岩压力，因此二次衬砌与初期支护间接触压力数值明显减小，两测试断面接触压力最大值均出现在拱顶位置，分别为125.5kPa、114.2kPa，拱顶测点处有一定程度的应力集中。空间分布数据间离散性较大，对称性不明显，整体表现为拱顶最大，拱脚、拱腰次之，仰拱较小的特点。拱顶→右侧拱腰→右拱脚接触压力则是先减小后增大，右侧拱脚处应力集中较为明显，最大达到117.3kPa，位于Ⅰ断面7号测点处。另外右侧接触压力大于左侧，这是由于施工时左侧先行开挖导致左侧围岩应力释放程度较高，同时左侧支护结构也具有较大的变形需加强监控量测。

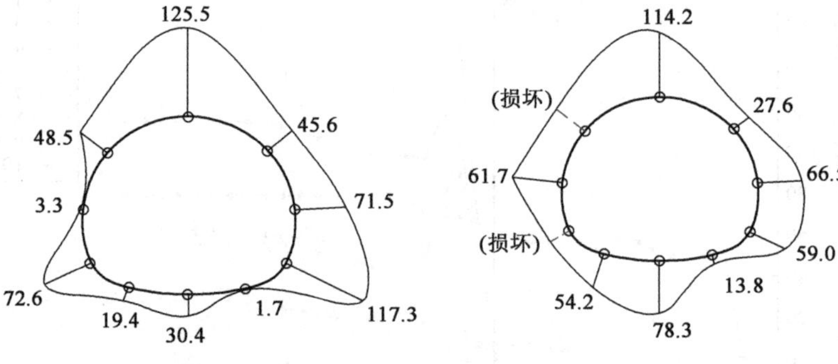

a)Ⅰ断面　　b)Ⅱ断面

图3-2　初期支护与二次衬砌接触压力空间分布（kPa）

统计得到复合式衬砌结构荷载的侧压力系数及对围岩压力的分担比例情况见表3-1、表3-2。

测试断面侧压力系数统计　　表3-1

测试断面	按初期支护与围岩接触压力计算得到的侧压力系数	按二次衬砌与初期支护接触压力计算得到的侧压力系数	均值	总均值
Ⅰ断面	0.19	0.29	0.24	0.63
Ⅱ断面	1.49	0.56	1.02	

断面接触压力分担比例统计 表 3-2

编号	围岩与初期支护接触压力均值(kPa)	分担比例(%)	分担比例均值(%)	初期支护与二次衬砌接触压力均值(kPa)	分担比例(%)	分担比例均值(%)
1	183.2	60.45	53.45	119.8	39.55	46.55
2	28.8	37.26		48.5	63.10	
3	37.7	50.77		36.6	49.23	
4	206.6	86.41		32.5	13.59	
5	27.8	28.72		69.0	71.28	
6	73.5	50.31		72.6	46.47	
7	33.5	27.54		88.1	72.46	
8	63.6	63.35		36.8	36.65	
9	27.5	78.01		7.75	21.99	
10	51.9	48.85		54.3	51.15	

以初期支护与围岩接触压力计算得到的侧压力系数较为分散,其均值大于按二次衬砌与初期支护接触压力计算得到的侧压力系数。统计结果表明侧压力系数均值为0.63,达到《铁路隧道设计规范》(Q/CR 9129—2018)(极限状态法)中Ⅳ级围岩建议最大值的2倍。另外规范中关于Ⅳ级以上围岩二次衬砌对围岩压力的分担比例并无明确的建议值,根据表3-2发现实测的初期支护、二次衬砌不同测点处对围岩压力分担比例差异较大,其中初期支护分担的荷载比例占53.45%,二次衬砌分担的荷载比例占46.55%。由此可以看出古土壤地层中衬砌结构承受明显偏大的水平压力,并且二次衬砌对围岩压力的分担比例也较大,出现此种受力规律的原因主要有以下几点:

(1)受力形态不均匀。在古土壤地层的形成过程中由于环境差异等因素的影响,隧道不同位置处古土壤具有的膨胀矿物含量并不相同,其膨胀能力存在差异。其次隧道施工采用的分台阶分部开挖方式使得同一断面不同位置处围岩荷载释放程度不同,并且开挖扰动在深部围岩中产生的损伤裂隙也存在较大的随机分布特点,最终导致了衬砌不均匀受力形态的产生。

(2)膨胀力释放的滞后性。未开挖时古土壤地层经历了长时间的沉积发展,其膨胀力、含水率与地应力达到了相对平衡的状态,开挖时产生的深部围岩损伤扰动降低了土体强度指标并且形成了新的水分渗流通道。衬砌施工完成后，其与围岩存在的渗透性差异使得与衬砌接触部分的围岩处于干湿循环状态，进而诱发古土壤膨胀力释放，这种相对滞后的膨胀力释放使得二次衬砌的荷载分担比例有所增大，并且一定程度上增大了衬砌结构内力的稳定周期。

3）二次衬砌混凝土应力随时间变化

图3-3为二次衬砌混凝土应力随时间变化曲线，上部测点（1～7号）整体表现出“迅速增大—减小—趋于稳定”的三阶段变化特点，均承受压应力作用。

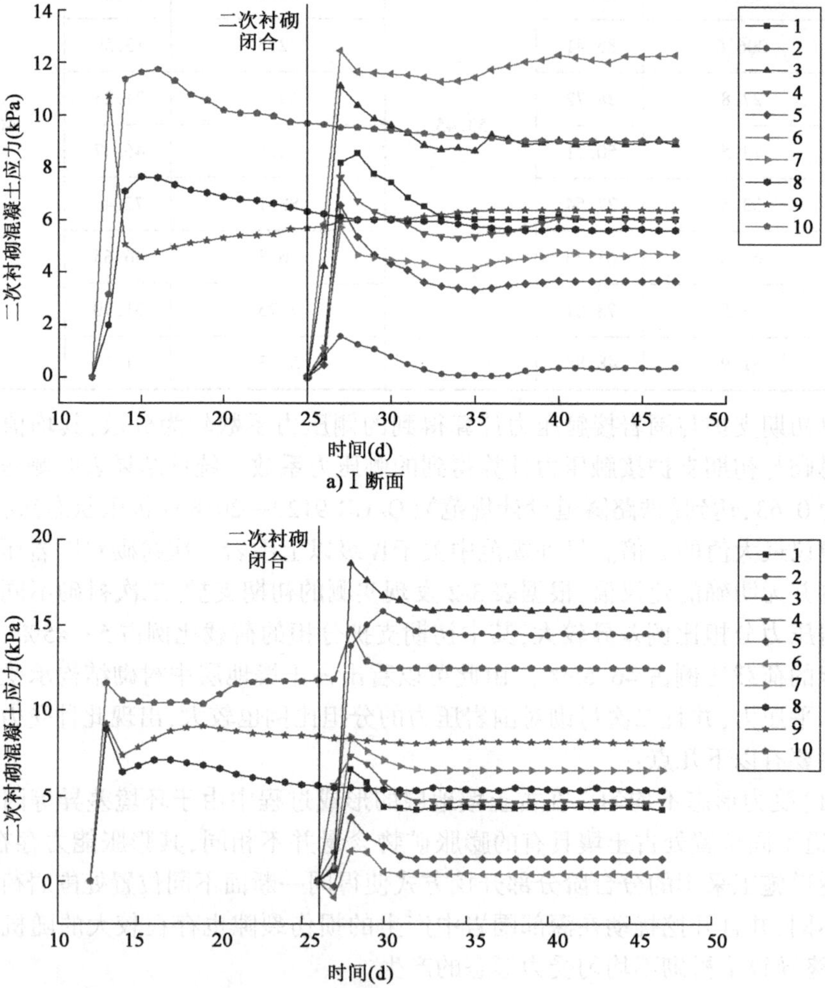

a) Ⅰ断面

b) Ⅱ断面

图3-3　二次衬砌混凝土应力随时间变化曲线

(1)在二次衬砌施工初期混凝土应力处于快速增大阶段,持续时间为3d左右,此阶段混凝土逐渐硬化,在模板侧向约束下迅速发挥出承载能力。其中Ⅰ断面应力最大值位于3号测点处,达到12.5MPa,为混凝土极限抗压强度的48%;Ⅱ断面应力最大值位于6号测点处,达到18MPa,为混凝土极限抗压强度的69%。

(2)模板拆除后二次衬砌混凝土的侧向约束作用力消失,受力状态由三向转变为两向,伴随着衬砌自身受力的调整,测点应力过渡到减小阶段,该阶段持续时间为2d,最大混凝土应力降幅达到43%,拆模时的应力波动不利于衬砌稳定,施工时应注意控制卸载速率,减小应力波动程度。

(3)随着混凝土自身强度的提升,压应力曲线转换到稳定发展阶段,最终在二次衬砌闭合15d后达到稳定,应力最大值15MPa,达到其极限抗压强度的58%,均值为8MPa左右,整体具有较高的安全系数。

仰拱测点(8~10号)应力曲线稳定时间较长,前期在混凝土浇筑后应力值迅速增大至12MPa,之后随时间发展表现出两种趋势,即缓慢降低后达到稳定、突降后达到稳定。仰拱混凝土在迅速增长阶段的维持时间为3d,最大值位于仰拱底部的10号测点,该应力主要由混凝土硬化过程中的体积收缩以及填充层混凝土自重对下部二次衬砌的压力产生。随后混凝土强度上升仰拱台车拆除,自身承载能力提高以及受力状态的改变致使应力曲线出现不同程度下降,但平均降低幅度小于上部测点。其中Ⅰ断面8号、10号测点应力曲线下降过程较为平缓,持续15d左右,而其余测点应力基本在3d左右完成应力降低过程并迅速过渡到趋于稳定的阶段。这种测点应力稳定在形式上的差异主要由以下几个原因造成:①台阶法开挖引起的围岩应力释放差异以及仰拱上部支护的施作时间差异;②厚度较大的仰拱填充层混凝土分批浇筑引起的硬化时间差异;③模板台车作用力在仰拱外侧不均匀分布。

图3-4为二次衬砌应力空间分布。二次衬砌应力沿隧道断面分布不对称,总体表现出拱肩及仰拱较大,拱顶、拱腰区域较小的特点。整体而言,Ⅰ断面应力更为均匀,最大应力出现在左侧拱脚位置,为12.2MPa;仰拱以及右侧拱肩位置依然出现较大的压应力,数值为9MPa;左侧拱肩应力值较为反常,仅为0.3MPa。Ⅱ断面压应力的对称性较好,即左、右侧拱肩应力值基本在15MPa左右,仰拱应力稳定值为12MPa,均小于素混凝土的极限抗压强度,应力极小值出现在左侧拱脚位置,为0.4MPa。拱顶应力的均值为5MPa,说明在二次衬砌强支护作用下,拱顶围岩与衬砌达到了新的平衡状态,应力由拱顶向两侧传递。

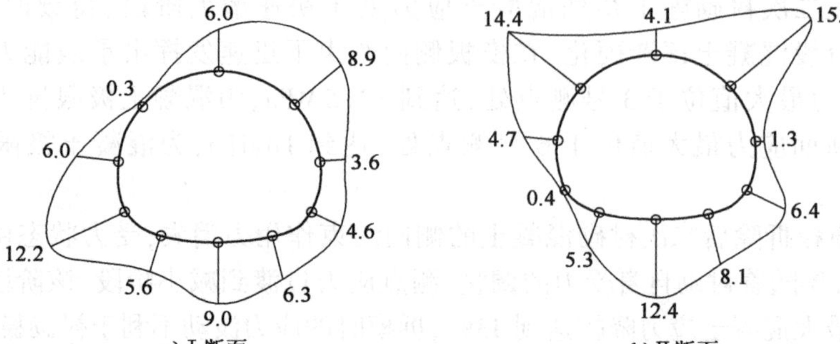

a) Ⅰ断面　b) Ⅱ断面

图 3-4　二次衬砌应力空间分布(MPa)

监测断面依据混凝土应力计算得到的安全系数汇总,见表 3-3,二次衬砌混凝土均处于小偏心受压状态,破坏强度受混凝土抗压强度控制。测点安全系数大部分高于混凝土结构在主要荷载下的安全系数(2.4)。二次衬砌安全系数较大位置为拱顶、拱腰等区域,整体而言二次衬砌仍具有足够的安全余量。

二次衬砌混凝土安全系数　表 3-3

测点编号	Ⅰ断面应力(MPa)	安全系数	Ⅱ断面应力(MPa)	安全系数
1	6.02	6.31	4.18	9.09
2	0.35	108.57	14.45	2.63
3	8.90	4.27	15.87	2.39
4	6.03	6.30	4.7	8.09
5	3.66	10.38	1.32	28.79
6	12.29	3.09	0.45	84.44
7	4.68	8.12	6.48	5.86
8	5.60	6.79	5.31	7.16
9	6.38	5.96	8.1	4.69
10	9.03	4.21	12.47	3.05

3.3

膨胀力作用下隧道初期支护受力情况

3.3.1 膨胀力作用下隧道初期支护受力等效理论分析

隧道掌子面开挖前,古土壤地层经历长时间沉积作用,应力、水分场达到初始平衡状态,随着开挖扰动,围岩中不断产生裂隙并向深部逐渐扩散形成了新的水分渗流通道,在远端水源补充下开始的二次应力及水分平衡过程中引起古土壤体积膨胀以及围岩力学性质劣化。这种围岩随水分变化产生的体积膨胀与温度上升引起的材料体积变化类似,水分在围岩内部的渗流与热传导问题也较为相似,其中渗流问题需要满足热平衡方程,渗流方程与温度传导方程在表达形式上的一致性为温度场的替代模拟提供了理论基础。

温度变化时材料内部傅立叶(Fourier)热传导表达式为:

$$\frac{\partial}{\partial x}\left(\lambda_x\frac{\partial T}{\partial x}\right)+\frac{\partial}{\partial y}\left(\lambda_y\frac{\partial T}{\partial y}\right)+\frac{\partial}{\partial z}\left(\lambda_z\frac{\partial T}{\partial z}\right)=\rho C_v\frac{\partial T}{\partial t} \tag{3-1}$$

式中:λ——热传导系数[W/(kg·℃)];

ρ、T——材料的密度(g/cm^3)以及温度(℃);

C_v——比热容[J/(kg·℃)]。

而对于土体内部的非饱和渗流,可以根据单元质量守恒得到满足达西定律的渗流微分表达式:

$$\frac{\partial}{\partial x}\left(k_x\frac{\partial u}{\partial x}\right)+\frac{\partial}{\partial y}\left(k_y\frac{\partial u}{\partial y}\right)+\frac{\partial}{\partial z}\left(k_z\frac{\partial u}{\partial z}\right)=C_w\frac{\partial u}{\partial t} \tag{3-2}$$

式中:k——渗透系数;

u——基质吸力水头;

C_w——材料的比水容量。

因此利用材料温度模拟内部渗流问题时,只需要进行相应变量($\lambda \sim k$、$T \sim u$、$\rho C_v \sim C_w$)的替换即可借助热传导方程求解得到温度场,从而得到基质吸力场,最终得到含水率的分布。为了等效模拟古土壤围岩在含水率变化时产生的体积变化,令材料增湿时的应变增量与温度增高时产生的热应变增量相等,则:

$$\beta\delta_{ij}\Delta w = \alpha\Delta T\delta_{ij} \tag{3-3}$$

通过上式将含水率的变化与温度变化相联系，转换后得到热膨胀系数与含水率变化量的关系：

$$\alpha = \frac{\beta\Delta w}{\Delta T} \tag{3-4}$$

式中：β——土的线膨胀系数；

δ_{ij}——克罗内克(Kronecker)符号，$i=j$ 时值为 1，$i\neq j$ 时值为 0；

Δw——含水率变化量；

α——热膨胀系数；

ΔT——温度变化量。

3.3.2 数值模拟

1)模型单元及边界设置

以Ⅳ级围岩深埋段典型断面为基础建立三维计算模型，为使边界约束条件对开挖区域的影响最小，模型边界取隧道开挖直径的 4 倍，上边界至地表部分的土层转换为自重压力施加在模型顶面，为节约计算时间设置模型长度 100m，宽度 100m，沿隧道轴向长 5m。温度场的分布为瞬态热应力问题，单元温度的变化会影响其应力状态的分布，因此土层网格分割时选择单元类型为 CAX4T，衬砌以及锚杆分别利用壳单元、梁单元建立，单元类型分别为 S4R、B31，其中土层部分共划分单元 11121，节点 15308，如图 3-5 所示。

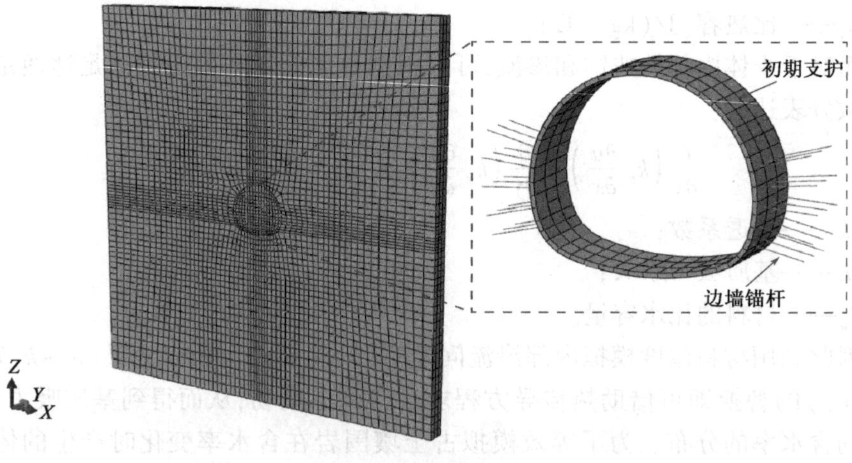

图 3-5 计算模型建立

热力耦合分析时主要的边界条件分为位移边界以及温度边界。

(1)位移边界

从初始分析阶段至最终分析步对模型前后边界、左右边界以及下边界施加的使其法向位移为零的约束条件,上边界为自由边界不约束位移,同时为满足土层自身的地应力平衡条件,把模型上边界至地表部分未建立的土层转换为对应的自重应力以均布面荷载的形式作用于模型上边界。另外锚杆是由梁单元建立的支护单元,需要约束其在三个方向的旋转自由度,防止分析中产生旋转导致模型不收敛。

(2)温度边界

热力耦合计算在隧道开挖支护完成后进行,此时设置模型初始温度为0℃,并"激活"左右以及下边界设置的绝热边界条件,由于该里程位置处隧道断面位于地下水位线以下,但实际测试含水率并未达到饱和,说明隧道顶部分布的古土壤层是较为良好的隔水层,考虑模型顶面周围地下水的补给作用,可认为上边界为饱和含水条件,因此设置上边界为恒温条件 T_u 并在此阶段"激活",T_u 可通过式(3-6)计算得到。

2)参数选取

(1)主要计算数据

初期支护采用喷射混凝土与钢拱架、钢筋网片混合支护形式,具体参数见表3-4。

初 期 支 护 参 数 表3-4

C25 喷射混凝土厚度(m)	边墙锚杆		钢 拱 架		钢筋网片	
	长度(m)	间距(m×m)	规格	间距(m)	直径(mm)	间距(m×m)
0.3	3.5	1.2×2	I20	0.8	8	0.2×0.2

模型中为简化计算,忽略钢筋网片的支护作用,同时将喷射混凝土与钢拱架视为一个支护整体,按照协同变形的原则利用式(3-5)计算等效初期支护弹性模量。

$$EA = \sum_{i}^{n} E_i A_i \tag{3-5}$$

式中:E、A——组合后衬砌结构的弹性模量(MPa)、截面积(m^2);

E_i、A_i——钢拱架、喷射混凝土的弹性模量(MPa)、截面积(m^2)。

换算后计算模型参数见表3-5。

计算模型参数　　表3-5

类　别	弹性模量(MPa)	黏聚力(kPa)	内摩擦角(°)	泊　松　比	重度(kN/m^3)
古土壤	200	57	29	0.25	22.5
等效初期支护	2.5×104	—	—	0.23	28
锚杆	2.1×105	—	—	0.25	78

(2)古土壤强度指标

由于古土壤黏聚力及内摩擦角随含水率的变化符合指数函数,数值计算中通过设置主要含水率节点的土体强度与对应的场变量参数以达到模拟含水率增长对土体强度的弱化效果。

(3)温度膨胀系数计算

前述表明,当初始含水率从12%增长到20%时,扰动古土壤试样所能释放的膨胀力从250kPa降低至18kPa,降低幅度达到92%,之后膨胀力曲线变化为水平直线,含水率的继续增大对试样膨胀力释放数值改变产生的影响极为有限。令围岩初始含水率w_0对应的初始状态温度为$T_0=0$,同时假定古土壤含水率达到20%时膨胀力已经得到完全释放,此时对应的末态温度为T_1,则可根据式(3-6)、式(3-7)计算得到与相应含水率变化量对应的热膨胀系数。对于借助温度场模拟渗流场的计算模型,其温度变化量与含水率变化量关系为:

$$\Delta w d_s = C_w \Delta T(1+e) \tag{3-6}$$

式中:Δw——含水率变化量;

d_s——材料的比重;

C_w——材料的比水容量;

e——材料的孔隙比;

ΔT——温度变化量。

当围岩含水率从初始状态增长至20%时,已知其膨胀力变化量则可利用下式得到计算模型中对应的含水率变化量的热膨胀系数:

$$\alpha = \frac{1-2\mu}{\Delta T E}\Delta P \tag{3-7}$$

式中:ΔP——膨胀力变化量;

μ——泊松比。

3)模型工况设置

借助ABAQUS的热力耦合计算模块,实现温度场影响下的土体膨胀分析流程如下:

①重力以及上部土体自重压力荷载作用下的土层地应力平衡分析。该阶段目

的是消除上述荷载作用下的附加位移对后续分析步的影响，使模型土层达到实际未开挖时初始应力分布状态。

②待开挖区域围岩应力的释放。依据现场施工中实际使用的三台阶七步工法按顺序“杀死”待开挖区域的土体单元并同时“激活”相应区域外侧的衬砌、锚杆单元以实现对开挖过程的模拟。

③开挖支护完成后“激活”温度边界条件同时设置分析步类型为热位移耦合。从静力分析步读取位移应力分析结果并进行温度影响下的完全热应力耦合分析，当古土壤层温度从 T_0 提高至 T_1 时，即对应膨胀力从 0 至完全释放的过程，能较好地模拟围岩在含水率增长下的体积膨胀变化。

计算工况设置是借助式(3-6)、式(3-7)得到古土壤围岩从不同初始含水率状态达到饱和状态时对应的膨胀力变化量以及相应的热膨胀系数，同时结合室内试验以及原有设计参数，设置 8 种工况讨论各因素对支护、围岩受力及变形的影响程度和规律，见表 3-6。

计 算 工 况 设 置 表 3-6

初始含水率 w_0(%)	膨胀力变化量 ΔP(kPa)	热膨胀系数 α($\times 10^{-4}$)	温度变化量 ΔT(℃)	衬砌厚度 (cm)
12.0	250	3.78	1.65	30
14.0	138	2.78	1.24	20、25、30、35、40
16.2	70	2.23	0.78	30
18.0	25	1.51	0.41	30

3.3.3 试验结构及分析

1）静力分析阶段

此阶段为土层地应力平衡分析，以及按现场实际使用的三台阶七步法分步“杀死”待开挖区域的土体单元，并同时“激活”相应区域外侧的衬砌、锚杆单元的施工阶段分析。

图 3-6 为模型隧道完全开挖、支护结束后围岩的应力、位移分布，隧道待开挖区域单元未“杀死”前模型土层在自重作用影响下初始分析阶段的竖向应力水平分层分布，模型顶部荷载为 3.75MPa，并且从上至下应力值增大至 5.88MPa。隧道开挖完成后新临空面产生以及施工扰动的影响引起断面周边围岩应力释放，尤其是拱顶部分围岩在卸载以及自重影响下的掉块、塌落堆积引起竖向应力传递路径改变，进而影响到更大范围内深部岩体的二次应力平衡过程。开挖完成断面稳定

后应力值整体呈增大趋势，在 X 轴方向断面两侧 0.5 倍洞径范围内出现最大值 7.99MPa的应力集中，该区域面积约为开挖断面的 2.5 倍，相比于初始阶段开挖后 X 轴方向隧道下部应力较大区域均有不同程度上移；沿 Y 轴方向断面位置处应力值由初始 4.99MPa 降低至 0.70MPa，随着向上下围岩体的扩散，应力降低幅度明显减小，围岩自身承载能力逐渐发挥作用，其主要影响范围约为 2 倍洞径。另外沿 Y 轴方向模型上边界竖向应力由 3.75MPa 增大至 4.01MPa，该应力范围随着竖向深度增加逐渐向下延伸，并导致下边界附近应力值由 5.88MPa 降低至 3.35MPa。

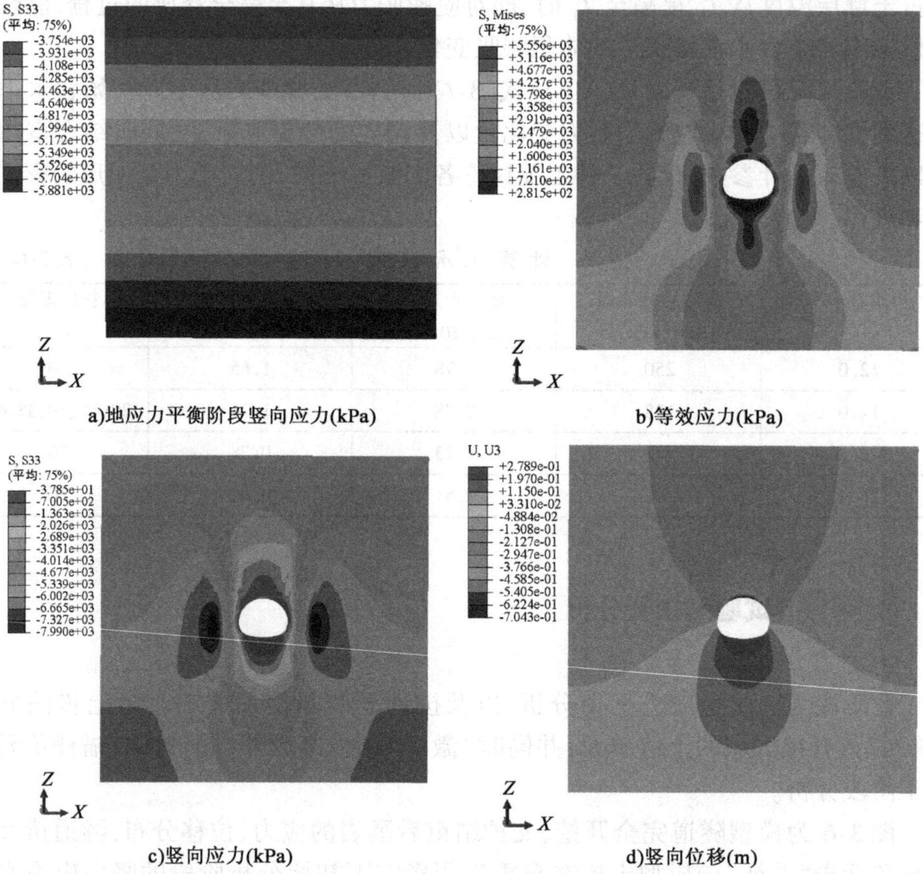

图 3-6　围岩应力、位移分布

受 Y 轴方向位移边界条件约束的影响，进口处拱顶部出现了小范围的大位移，开挖一个循环后该位移降低至 21cm。拱顶位置的扩散深度明显大于仰拱，拱顶的竖向变形沿 Y 轴方向在围岩内部扩散深度约为 4 倍洞径，仰拱处扩散深度约为2倍洞径;受扰动影响的围岩区域在向深部扩散的同时也沿着模型水平方向扩展,至上边界时水平影响范围约为4倍洞径,影响区域从上至下呈漏斗形分布。仰拱处的水平扩散幅度较小约为1.5倍洞径,并且扩散深度也未达到模型下边界。计算表明变形均是朝向隧道净空发展并且拱顶及仰拱区域变形量差异不大,变形发展稳定后上部沉降量为29cm,下部隆起量为27cm。

图3-7为开挖完成后衬砌及锚杆的应力分布图。可以看出初期支护压应力的分布在整个断面不均匀,应力集中从外侧拱顶位置向内部以及拱肩方向扩散并逐步减小,最大应力在38MPa左右。左右侧应力分布不对称,从拱顶—拱腰—仰拱应力值逐渐减小,其中拱顶位置最大,拱腰处有所减小为26MPa,仰拱与边墙接触位置应力进一步减小为11MPa,仰拱部分应力范围在2.1~7.6MPa之间。另外锚杆的受力除了部分点出现轴力超出600kN的应力集中,大部分区域轴力值均在100kN左右,由于锚杆是借助深部较稳定围岩体提供的锚固力来使浅层的受扰动裂隙围岩保持稳定,因此轴力较大的位置多在锚杆靠近隧道断面一侧分布。

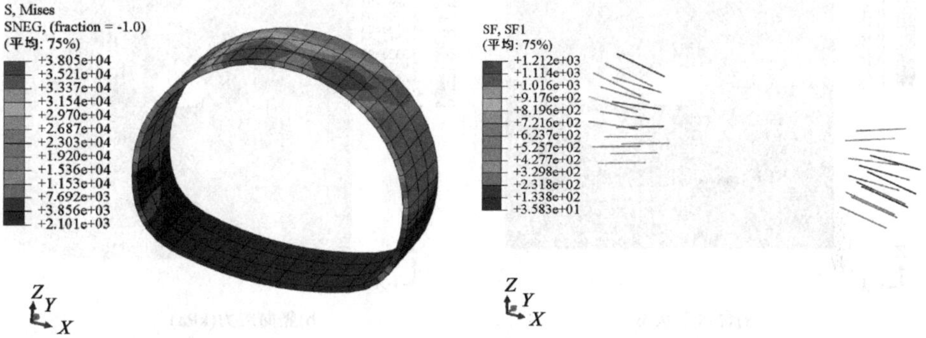

a)衬砌等效应力(kPa)　　b)锚杆轴力(kN)

图3-7　衬砌及锚杆应力分布

2)热力耦合分析阶段

耦合分析开始前需要赋予模型土层一个初始温度 T_0,该温度即对应围岩初始含水率,热力耦合阶段古土壤层不同的含水率增量对应不同的膨胀力释放程度,以古土壤层初始含水率为14.0%为例,含水率增长至18%表明膨胀力释放达到93.4kPa,增长至20%即表明膨胀力释放达到138kPa。

图3-8、图3-9即为隧道断面上部古土壤层含水率分别增大至18%、20%对应的围岩含水率以及应力、位移分布。可以看出开挖支护结束后在水分扩散影响下,上部古土壤层的膨胀力开始逐渐释放完全,竖向应力在模型中的空间分布与开挖结束时基本一致,但 X 轴方向断面两侧的应力集中最大值减小了40kPa,降低为

7.95MPa，下部应力较大区域仍旧出现有不同程度上移。沿 Y 轴方向断面应力值从开挖稳定后的 0.70MPa 增长至 0.72MPa，增长的应力转由支护结构承担并向下部围岩进一步传递，另外叠加上部膨胀力荷载后，断面水平向、竖向围岩应力增大以及减小区域的范围没有较为明显的变化，即水平向、竖向影响范围仍在 2 倍洞径左右。模型变形的整体分布有向开挖断面上部集中趋势，上部靠近左右侧边界处下沉量从 8.5cm 左右降低至 5.6cm，拱顶位移增大至 38cm，其影响范围扩大至 4 倍洞径并从模型顶部边界一直贯通至左右侧边界与开挖断面在同一水平位置处。这是由于上边界未对位移条件进行约束，膨胀力释放后作用在相邻土层上引起额外的变形量产生，与开挖引起的下沉量相叠加后引起上部边界处的位移减小、拱顶位移增大的现象。仰拱底部的变形量没有明显的变化，仍维持在 27cm 左右，但其影响范围进一步扩大加深，达到 2.5 倍洞径左右，拱顶与仰拱变形量的差异进一步扩大。

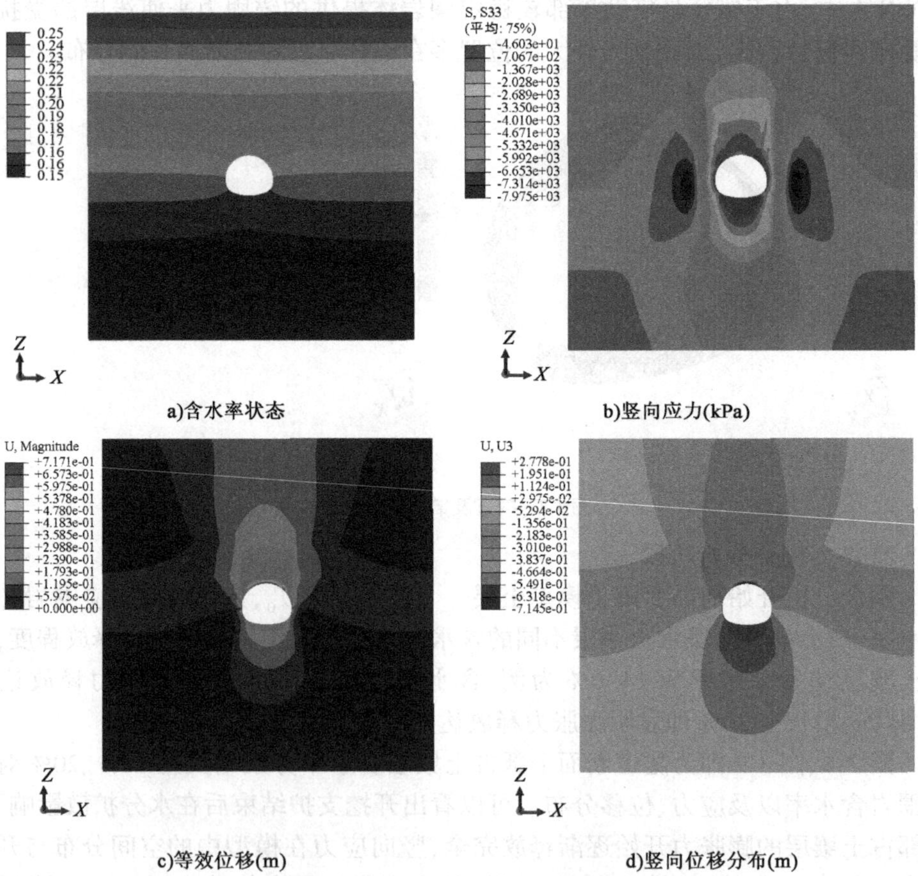

a)含水率状态　　b)竖向应力(kPa)

c)等效位移(m)　　d)竖向位移分布(m)

图 3-8　古土壤层含水率增大至 18% 时围岩应力、位移、含水率分布

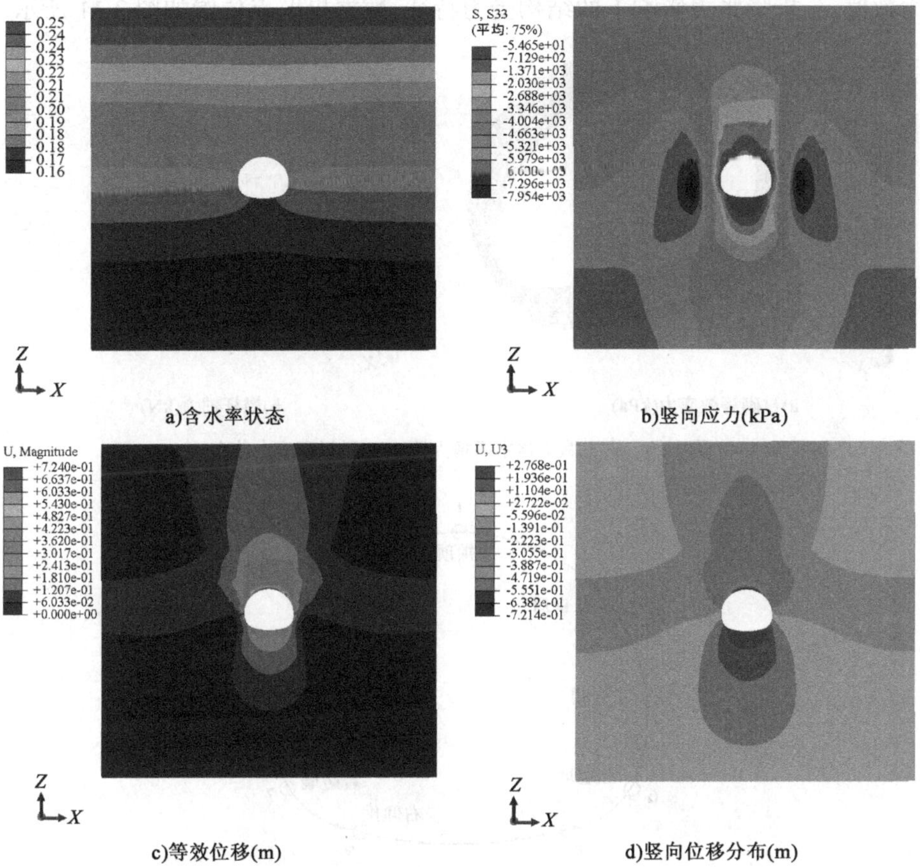

图3-9 古土壤层含水率增大至20%时围岩应力、位移、含水率分布

古土壤层增大至20%时衬砌应力分布如图3-10所示。对比发现衬砌拱顶处的应力集中点向拱肩移动,并且应力集中区域有所扩大贯穿了衬砌结构,整体分布仍保持上大下小的形式。应力水平有一定程度的增大,其中拱顶位置处应力增大至40MPa,仰拱处则增大至2.9MPa。而锚杆的轴力整体出现略微减小的趋势,大部分锚杆受力位置的轴力值降低至80kN左右,轴力集中点的位置无明显变化。

3)膨胀力数值对支护受力的影响

膨胀力的释放程度及大小与初始状态时的围岩含水率关系密切。不同的初始含水率状态即对应古土壤不同的膨胀能力,结合室内试验结果模拟计算时均假定当围岩含水率从初始增长到20%时膨胀力释放完全,提取模型关键点计算收敛后内力数值,分析膨胀力影响下的结构受力特征,数据提取点位置如图 3-11 所示。

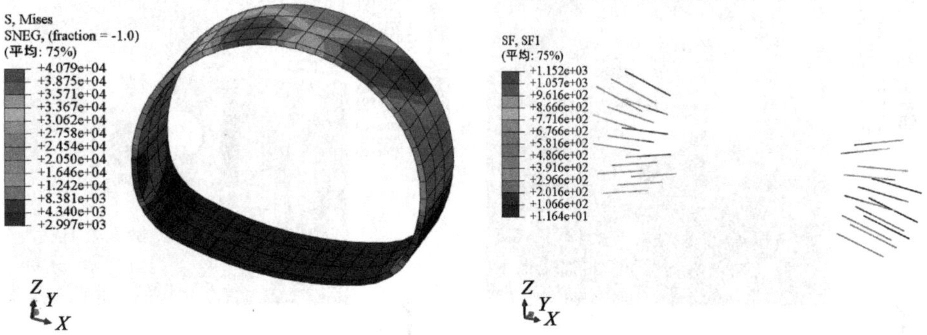

a)衬砌等效应力(kPa)　　b)锚杆轴力(kN)

图 3-10　古土壤层含水率增大至 20% 时衬砌应力分布

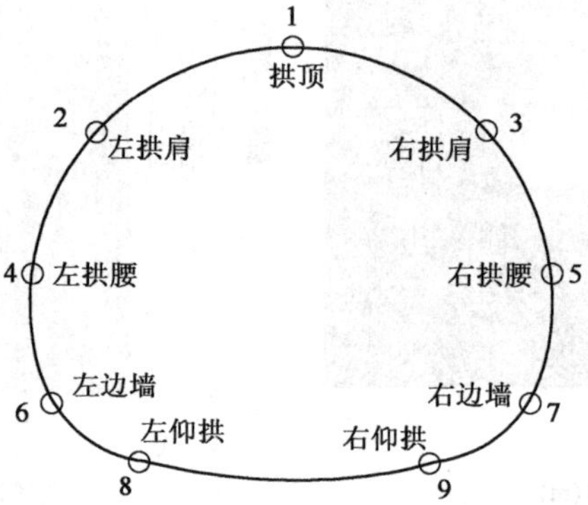

图 3-11　数据提取点分布

不同膨胀力引起的支护结构应力及位移量值的改变如图 3-12、图 3-13 所示。需要说明的是掌子面掘进至数据提取断面之前,开挖扰动已经引起了数据提取断面的围岩沉降变形,而这部分变形在实际工程中无法通过测量手段获得,因此全阶段模拟开挖过程中计算模型得到的围岩变形量通常较实际监测值偏大。

图 3-12 表明随着隧道拱顶处古土壤层膨胀力的增大,支护拱顶至左右侧拱腰范围内的应力数值出现了较大幅度的增长,其中右侧拱腰处增幅最大,当膨胀力数值大于 25kPa 后,除拱顶 1 号点外支护左右边墙以上位置的应力明显变大。而左右侧拱腰下部至仰拱范围应力随着膨胀力的变化则出现小幅度的增长趋势,说明支护内应力在膨胀力影响下向下部传递过程中是以拱腰位置为分界,拱

腰及以上区域为所增加膨胀力的主要承担部分,并且该位置内力与膨胀力增长呈正相关。

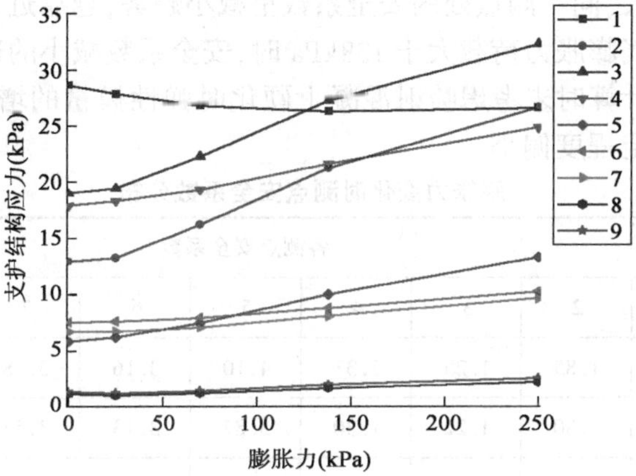

图 3-12 支护结构应力随膨胀力变化趋势

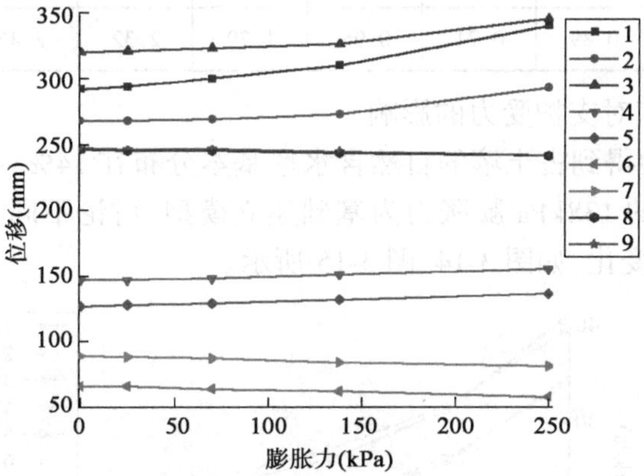

图 3-13 支护位移随膨胀力变化趋势

结合图 3-13 发现,相比应力变化的影响范围,位移的波动范围明显缩小,仅在支护拱肩及以上区域出现,呈现增大趋势,并且变化最大的位置为左右侧拱肩处,与应力变化的最大位置一致。另外当拱顶处膨胀力小于 138kPa 时,支护结构位移曲线呈水平状,几乎不产生明显的位移波动,说明膨胀力荷载在 0 ~ 138kPa 时仅会使支护产生再次的内力分配及平衡过程,而对竖向位移的影响极小;当膨胀荷载大于 138kPa 时,拱肩及上部区域则开始出现较明显的位移增大趋势,138kPa 即为此工况下的临界荷载,超出后需要加强对衬砌的变形监测。

改变拱顶位置叠加的膨胀力变化时测点安全系数见表 3-7，除拱顶测点外，其余测点安全系数大部分大于 1，越靠近仰拱位置安全系数越大。同时伴随着叠加膨胀力荷载的增大，同一测点处的安全系数呈减小趋势，越靠近仰拱位置减小趋势表现得越明显。当膨胀力荷载大于 138kPa 时，安全系数减小的速率有所减小。需要注意的是模型计算时未考虑喷射混凝土硬化时弹性模量的增长过程，会导致计算安全系数有一定程度偏小。

膨胀力变化时测点安全系数分布 表 3-7

膨胀力（kPa）	各测点安全系数								
	1	2	3	4	5	6	7	8	9
0	0.83	1.85	1.25	1.33	4.10	3.16	3.58	20.03	17.30
25	0.86	1.80	1.22	1.30	3.87	3.13	3.54	22.71	19.01
70	0.89	1.47	1.07	1.23	3.18	3.00	3.35	19.54	16.69
138	0.91	1.12	0.87	1.10	2.39	2.72	2.95	14.05	12.18
250	0.89	0.89	0.74	0.96	1.79	2.32	2.46	10.87	9.30

4）混凝土厚度对支护受力的影响

前期室内试验得到古土壤的自然含水率基本分布在 14% ~18% 范围内，以含水率 14% 时对应的 138kPa 膨胀力为基础建立模型，讨论不同混凝土厚度下支护结构的应力、位移变化，如图 3-14、图 3-15 所示。

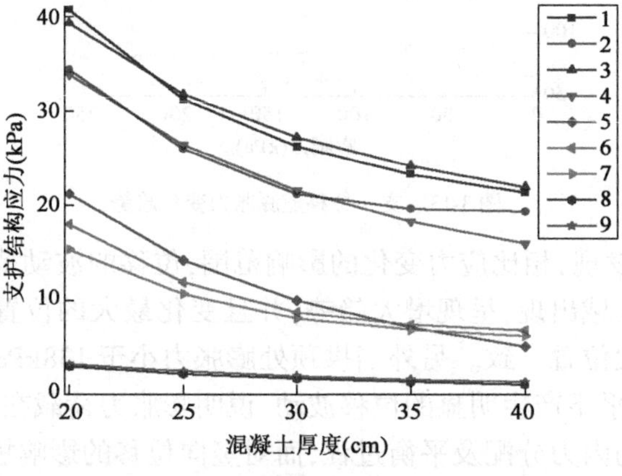

图 3-14 支护结构应力随混凝土厚度变化趋势

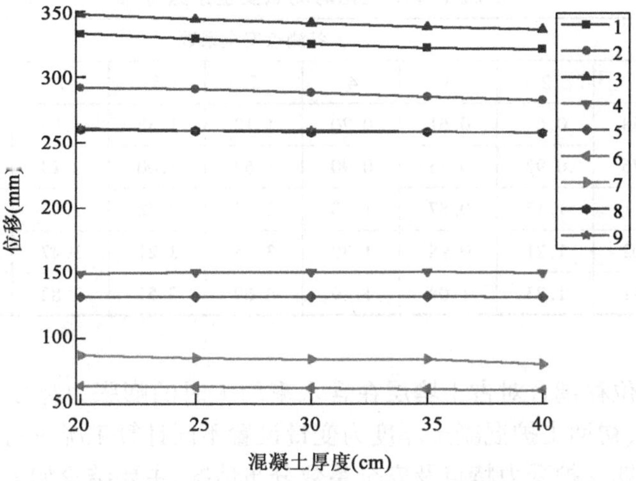

图 3-15　支护位移随混凝土厚度变化趋势

图 3-14 表明在上部膨胀力荷载的作用下，支护的主要承载部位为左右拱腰至拱顶区域，整体上越靠近仰拱位置应力值越小，最大值点位于拱顶，其次是拱肩以及拱腰，应力最小值点处于仰拱左侧。应力曲线表明当上部作用的膨胀力荷载一定时，随着支护结构混凝土厚度的增加，不同空间位置处支护应力值均出现降低的趋势，并且支护左右侧边墙下部至仰拱范围的应力降低幅度明显小于上部结构，仰拱位置应力曲线近似为直线变化，说明在膨胀力影响下的支护应力在向下部传递过程中仍是以拱腰以上区域为承载主体。测点应力平均降低幅度为 56%，支护应力的降低速率以 30cm 厚混凝土为拐点，当厚度小于 30cm 时增大支护混凝土厚度能明显降低应力数值，对整体所受应力的改善效果极为明显；厚度大于 30cm 后，增大混凝土厚度对应力的改善作用逐渐减弱。结合图 3-15 发现混凝土厚度的增大并没有明显改变支护在竖向的位移变形，更多的作用仍是对其应力状态的调整。因此当拱顶上部叠加的膨胀力荷载为 138kPa，并且支护结构混凝土厚度为 30cm 时，结构的整体受力状态较好，内部应力分布也更为合理。

计算得到改变混凝土层厚度时支护结构各测点的安全系数见表 3-8，基本上除拱顶、拱肩测点外的其余测点安全系数均大于 1，越靠近仰拱位置安全系数越大。伴随着喷射混凝土层厚度的增大，同一测点处的安全系数呈增大趋势，越靠近仰拱位置增大趋势表现得越明显。

混凝土厚度变化时测点安全系数分布 表 3-8

支护混凝土厚度(cm)	各测点安全系数								
	1	2	3	4	5	6	7	8	9
20	0.58	0.69	0.61	0.70	1.12	1.32	1.55	7.98	7.45
25	0.76	0.92	0.75	0.90	1.67	2.00	2.23	10.75	9.70
30	0.91	1.12	0.87	1.10	2.39	2.72	2.95	14.05	12.18
35	1.02	1.21	0.98	1.30	3.35	3.21	3.47	17.99	14.93
40	1.11	1.23	1.08	1.49	4.69	3.51	3.82	22.86	18.02

5)结论

借助温度位移耦合对古土壤层在含水率增大时的膨胀力释放过程进行模拟,以膨胀力大小、初期支护混凝土厚度为变量设置不同计算工况进行正交分析,得到不同工况下初期支护受力特点及安全系数分布情况,主要结论如下:

以拱顶部叠加 138kPa 膨胀力荷载为例,较未叠加时围岩水平向应力集中程度有所降低,竖向应力小幅度增大,竖向变形范围向开挖断面上部集中。而拱顶与仰拱变形量的差异逐渐扩大,其中拱顶位移进一步增大,影响范围扩大至 4 倍洞径,仰拱底部的变形量无明显变化,但影响范围扩大至 2.5 倍洞径。

开挖完成后初期支护压应力分布不均匀并且上大下小,最大应力出现在拱顶,达到 38MPa,大部分锚杆区域轴力值在 100kN 左右。叠加膨胀力荷载后应力分布无明显变化,应力数值有不同程度增大,其中拱顶应力增长 14%,而锚杆轴力则略微减小。

衬砌厚度一定时拱顶处古土壤层膨胀力的增加使得拱腰至拱顶范围应力显著增大,为最不利位置。截面整体安全系数降低,除拱顶测点外其余测点安全系数均大于 1,且越靠近仰拱位置安全系数越大,膨胀力荷载大于 138kPa 后衬砌位移出现明显增大拐点。

支护主要承载部位位于左右拱腰至拱顶,随着混凝土厚度的增加,越靠近拱顶位置测点的应力降幅越大,安全系数的增幅越小,位移基本呈直线变化。应力降低速率以 30cm 厚混凝土为拐点,当古土壤层含水率在 14% ~18% 范围时,混凝土厚度为 30cm 衬砌整体受力状况较好。

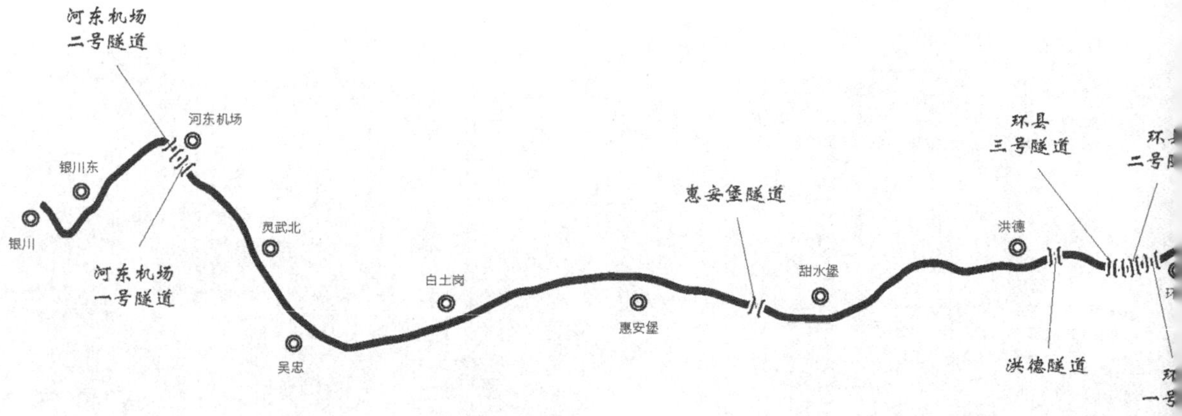

河东机场
二号隧道
河东机场
银川东
银川
河东机场
一号隧道
灵武北
吴忠
白土岗
惠安堡
惠安堡隧道
甜水堡
洪德
环县
三号隧道
洪德隧道

第4章

二次衬砌安全性分析及结构优化

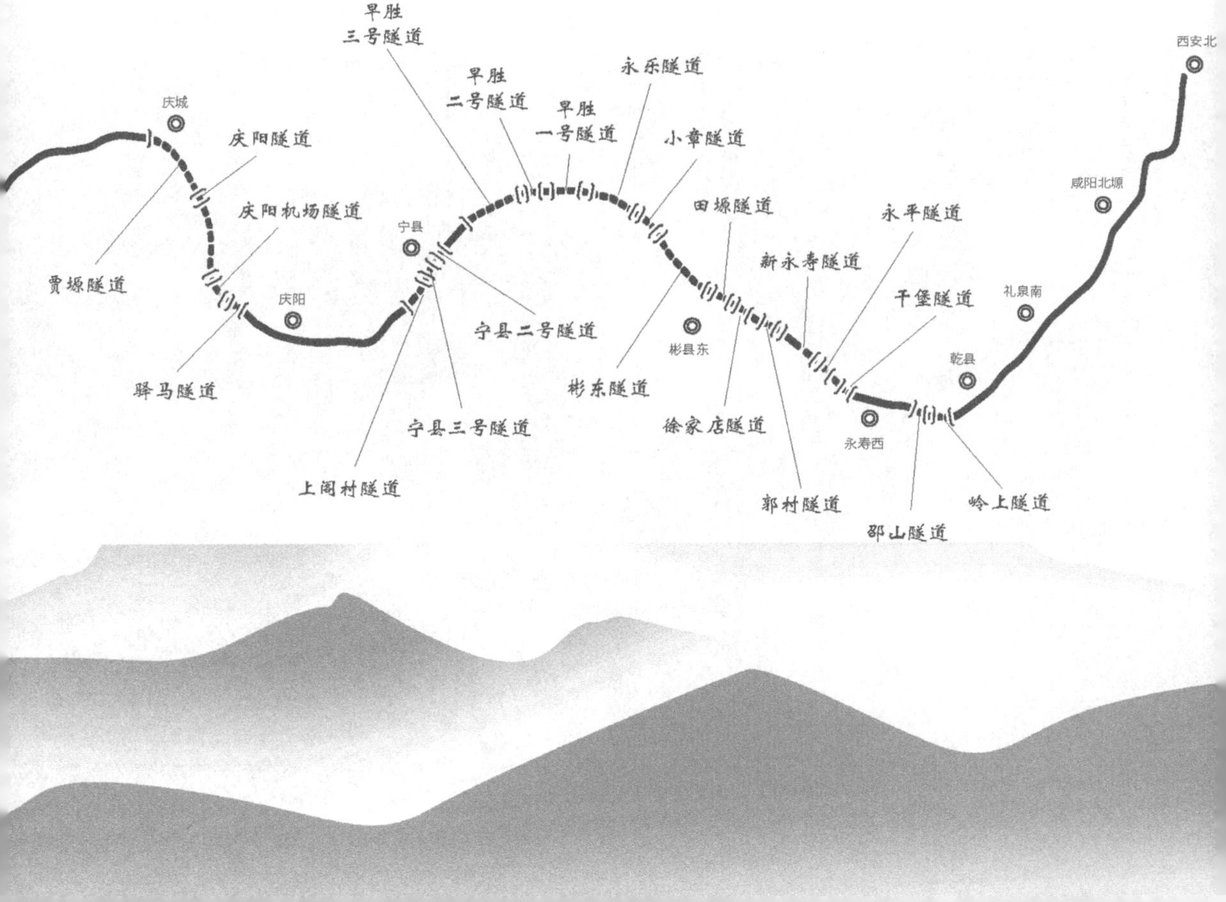

4.1 二次衬砌安全性分析

二次衬砌是隧道施工中在初期支护内侧施作的模筑混凝土或钢筋混凝土衬砌，其与初期支护共同组成复合式衬砌，从而达到加固支护，优化防排水系统，美化外观，方便设置通信、照明、监测等设施的作用。衬砌结构常用的分析方法包括结构力学法（弹性理论）、岩体力学法（弹塑性理论）、信息反馈法及工程类比法等，本章主要依托结构力学法对二次衬砌安全性进行分析。

4.1.1 结构力学法

结构力学法是指采用荷载—结构模式的分析方法，其中“结构”是指衬砌结构，“荷载”是指开挖洞室后由松动岩土自重所产生的地层压力。

一般把隧道支护结构在力学上和构造上作为拱形结构来处理。将被砌筑的衬砌视为结构的主体，围岩（或其一部分）被视为荷载。按照拱形结构进行设计计算，荷载—结构模型经历了以下三种模式：

（1）主动荷载模式。

（2）主动荷载 + 被动荷载模式。

（3）实际荷载模式。

多数情况下采用第二种模式，这种模式考虑了结构和围岩之间的相互作用，即围岩对结构的约束作用——围岩抗力，局部体现了隧道作为地下结构的受力特点。因此，它是第一种模式的进一步发展，为了保证围岩约束抗力的存在，就必须保证结构与围岩之间的紧密接触。在此，把围岩对结构形变的约束所产生的反作用谓之抗力，而且把它视为线弹性的，计算公式如下：

$$\sigma = Ky \tag{4-1}$$

式中：K——弹性抗力系数（MPa/m）；

y——接触点的径向位移（mm）。

实际上，在荷载作用下地基的变形是一个弹塑性过程。把荷载分为被动的弹性抗力，其计算结果最终归结为验证安全系数是否满足设计要求。

4.1.2 荷载—结构模型建立

二次衬砌荷载—结构模型利用 Midas GTS 建立,其原理是在衬砌周围添加仅能承受压力的非线性曲面弹簧以模拟围岩对衬砌变形的约束作用,在添加竖向与水平向的围岩压力后,便可以通过结构力学方法计算出结构的变形及内力。结构模型中混凝土单元使用各向同性的梁单元模拟,应力—应变关系采用线弹性本构模型,如图 4-1、图 4-2 所示。

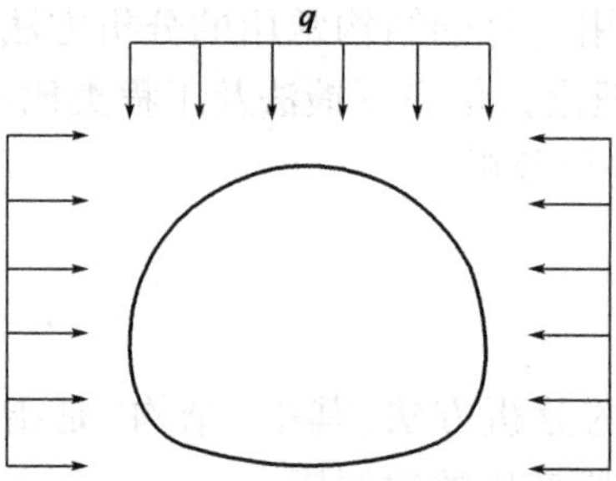

图 4-1 计算荷载作用形式

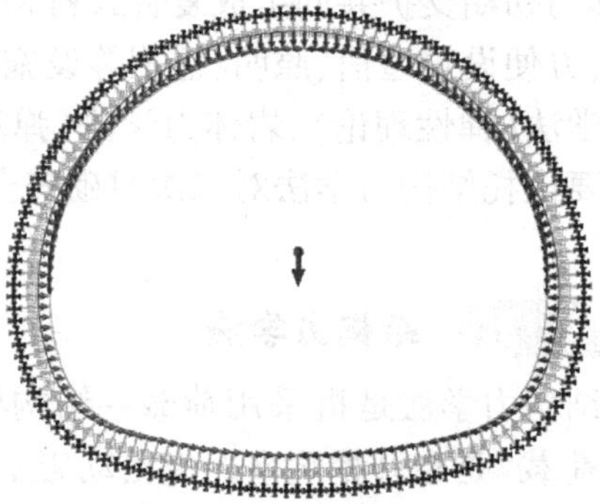

图 4-2 荷载—结构模型建立

4.1.3 参数选取

隧道洞身大部分处于深埋区段,平均埋深 200m,围岩级别Ⅳ级。以Ⅱ断面数据为对象,根据前期勘测资料,该断面埋深 215m,古土壤层位于隧道拱顶位置。主要计算参数见表 4-1。

Ⅱ断面计算参数取值 表 4-1

类　型	材　料	重度 (kN/m^3)	弹性模量 (MPa)	泊松比	弹性抗力系数 (MPa/m)
Ⅳ级围岩	黏质黄土	21.7	180	0.28	200 ~ 500
二次衬砌	C35 混凝土	25	3.25×10^4	0.2	—

(1)深埋隧道竖向均布压力按下式计算:

$$h = 0.45\times 2^{S-1} w$$
$$q = \gamma h \quad (4\text{-}2)$$
$$w = 1 + i(B-5)$$

式中：S——隧道围岩等级；

w——宽度影响系数；

B——隧道宽度(m)；

i——$B>5\text{m}$ 时，i 取 0.1。

其中，$S=4$，$B=15.2\text{m}$，代入式(4-1)，得：$h=7.272\text{m}$，$q=160.7\text{kPa}$。

(2)水平均布压力依据所处围岩级别选取，见表4-2。

水平均布压力 表4-2

围岩级别	Ⅲ	Ⅲ	Ⅳ	Ⅴ	Ⅵ
水平均布压力	0	$>0.15q$	$(0.15\sim0.30)q$	$(0.30\sim0.50)q$	$(0.50\sim1.00)q$

计算得到该深埋隧道竖向均布压力为 160.7kPa，水平均布压力为 $0.3q=48.2\text{kPa}$。

4.1.4 工况设置

模型顶部作用荷载为竖向围岩压力与膨胀性试验中扰动古土壤试样的膨胀力叠加后得到，由于隧道含水率始终处于一个动态变化的过程，开挖过程产生的扰动、围岩裂隙、施工用水排放等引起的古土壤膨胀力的释放程度也不尽相同，根据扰动古土壤试样室内试验规律，将二次衬砌厚度(50cm、55cm、60cm、65cm、70cm)以及古土壤膨胀力大小(50kPa、100kPa、150kPa、250kPa)正交组合形成25种计算工况(表4-3)，分别计算不同条件下膨胀力荷载对于隧道结构力学特性的影响情况。

计算工况设置 表4-3

二次衬砌厚度(cm)	膨胀力荷载(kPa)				
	0	50	100	150	250
50	计算工况1	计算工况6	计算工况11	计算工况16	计算工况21
55	计算工况2	计算工况7	计算工况12	计算工况17	计算工况22
60	计算工况3	计算工况8	计算工况13	计算工况18	计算工况23
65	计算工况4	计算工况9	计算工况14	计算工况19	计算工况24
70	计算工况5	计算工况10	计算工况15	计算工况20	计算工况25

4.1.5 弹性抗力系数对二次衬砌受力的影响

弹性抗力系数表征的是围岩对于支护结构朝向围岩一侧变形的约束能力强弱，

规范中关于Ⅳ级围岩给出的弹性抗力系数 K 建议取值范围为 200 ~ 500MPa/m。对于结构计算,K 的选取对二次衬砌的内力及变形分布存在较大的影响,以工况 13 中二次衬砌厚度以及膨胀力取值为基础,建立荷载—结构模型,对 K 值分别为 200MPa/m、220MPa/m、250MPa/m、300MPa/m、350MPa/m、400MPa/m、500 MPa/m 时的衬砌内力计算,结果如图 4-3、图 4-4 所示。

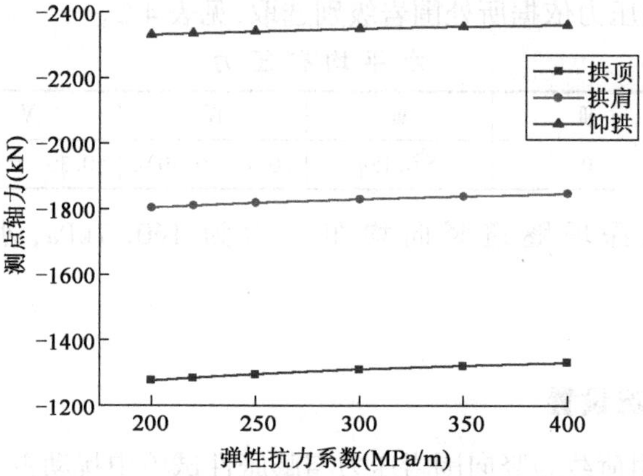

图 4-3 不同 K 值下轴力变化情况

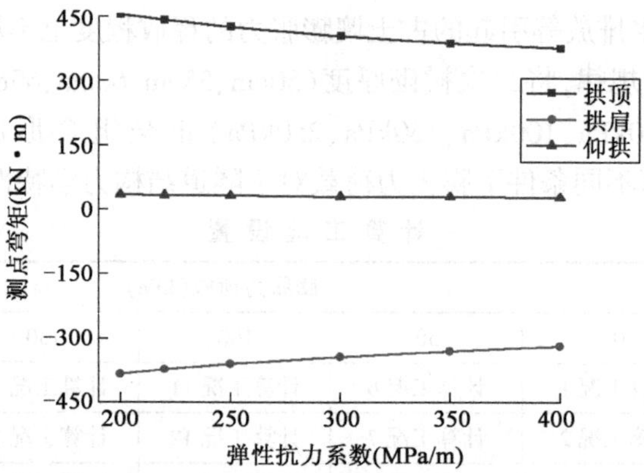

图 4-4 不同 K 值下弯矩变化情况

在建议的取值范围内,弹性抗力系数 K 越大,测点拱顶以及拱肩处的弯矩值越小,轴力值越大,断面的偏心程度越小,结构自承能力越强,转移到支护结构上的力越小。围岩条件的改善对于拱顶安全性的提升效果并不明显,并且当 $K >$ 300MPa/m 时结构内力的变化率开始减小,结构内力变化趋于平稳。因此参数选取时为尽可能地降低弹性抗力系数取值对结构内力产生的影响,在以上内力曲线平稳阶段选择,最终计算时选取的弹性抗力系数为 350MPa/m。

4.1.6 矩形截面安全系数计算

混凝土截面偏心距 $e_0 \leqslant 0.2h$ 时，为小偏心受压破坏，矩形截面素混凝土强度受抗压强度控制，安全系数按下式计算：

$$KN \leqslant \varphi \alpha R_a bh \tag{4-3}$$

式中：K——截面安全系数；

N——轴力(kN)；

φ——纵向弯曲系数，对于衬砌取1；

α——偏心影响系数，$\alpha = 1.000 + 0.648\left(\frac{e_0}{h}\right) - 12.569\left(\frac{e_0}{h}\right)^2 + 15.444\left(\frac{e_0}{h}\right)^3$；

R_a——抗压极限强度(kPa)；

b、h——截面宽度、厚度(m)。

混凝土截面偏心距 $e_0 > 0.2d$ 时，为大偏心受压破坏，截面强度受抗拉强度控制，表达式如下：

$$KN \leqslant \varphi \frac{1.75R_1 bh}{\frac{6e_0}{h} - 1} \tag{4-4}$$

式中：R_1——截面极限抗拉强度(MPa)；

其余符号含义同前。

4.1.7 松散荷载作用下衬砌内力规律

(1)断面内力分析

仅承受松散荷载作用时不同厚度的二次衬砌内力整体分布情况如图4-5～图4-7所示，图中轴力值为负表示结构受压，弯矩值为负表示结构靠近围岩一侧受拉。

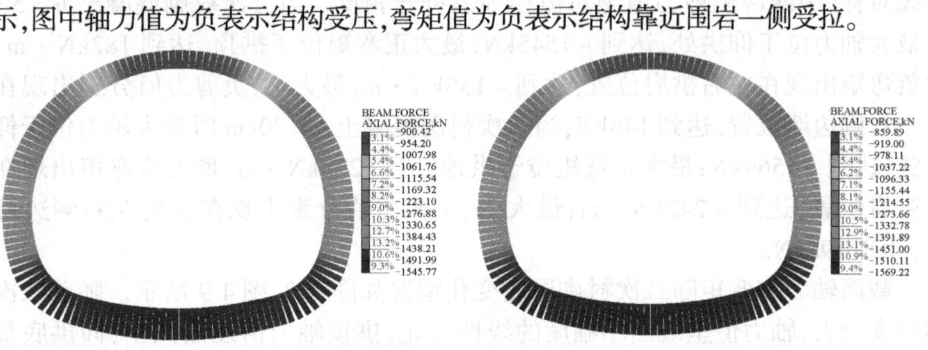

图4-5 二次衬砌厚度 h = 50cm、70cm 的轴力变化情况(kN)

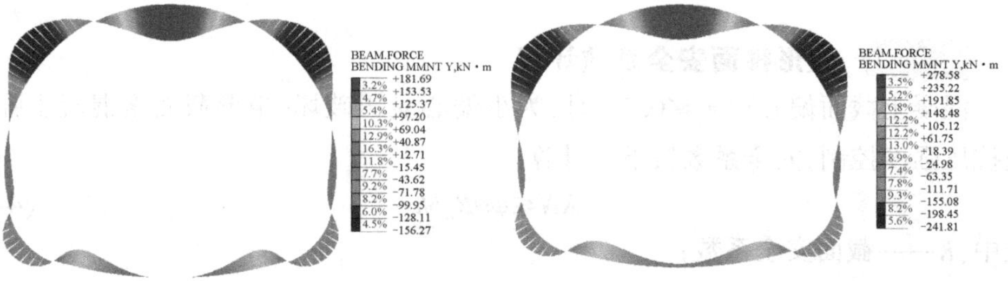

图 4-6　二次衬砌厚度 $h = 50$cm、70cm 的弯矩变化情况(kN · m)

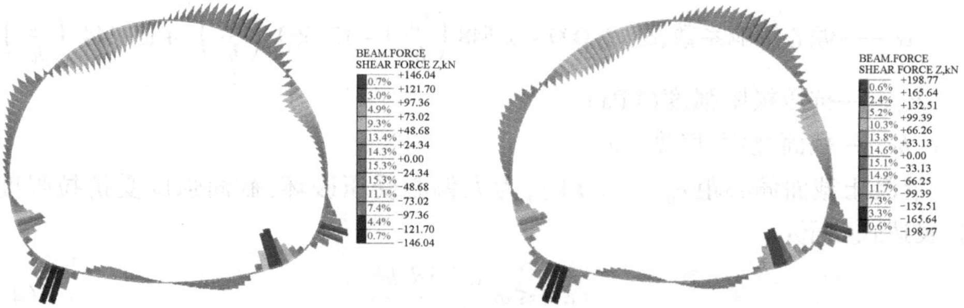

图 4-7　二次衬砌厚度 $h = 50$cm、70cm 的剪力变化情况(kN)

由图 4-5 ~ 图 4-7 可以看出:隧道衬砌全断面轴力值均为负值,结构整体均承受压应力,轴力在隧道断面的分布形态较为均匀并且关于中线左右侧对称,从拱顶位置到仰拱底部位置轴力数值呈现出线性增大的趋势;弯矩值的分布关于隧道中线对称,在拱顶、拱腰以及仰拱靠近左右侧拱脚区域均出现了较大的正弯矩,左、右侧拱肩以及拱脚位置则出现较大的负弯矩,并且正负弯矩绝对值较为接近,弯矩零点在整个二次衬砌区域对称分布;沿隧道断面剪力值正负变化频繁,分布关于隧道中线对称,中线两侧剪力值绝对值相等但符号相反。当二次衬砌混凝土 $h = 50$cm 时最大轴力位于仰拱处,达到 -1545kN;最大正弯矩位于拱顶,达到 182kN · m,最大负弯矩出现在左右拱肩位置,达到 -156kN · m;最大正、负剪力值分别出现在靠近左右侧边墙位置,达到 146kN;当二次衬砌混凝土 $h = 70$cm 时最大轴力位于仰拱位置,达到 -1569kN;最大正弯矩位于拱顶,达到 278kN · m,最大负弯矩出现在左右拱肩位置,达到 -242kN · m;最大正、负剪力值分别出现在靠近左右侧边墙位置,达到 198kN。

截面轴力和弯矩随二次衬砌厚度变化情况如图 4-8、图 4-9 所示。随着二次衬砌厚度增大,轴力值呈现出小幅度的线性变化,拱顶轴力值逐渐减小,仰拱底部轴力值逐渐增大,最大轴力均出现在仰拱底部,变化范围为 -1569 ~ -1545kN,增长幅度为1.5%；最小轴力出现在拱顶位置，变化范围为-900～-859kN，降低幅度为4.6%；仰拱底部弯矩值略有增大，弯矩为零的范围逐渐减小，结构受力由轴心受压状态逐渐转变为小偏心受压。同时正、负弯矩均表现出增大趋势，最大正弯矩位于拱顶，范围为181～278kN·m，增长幅度为53.6%；最大负弯矩位于左右侧拱肩位置，范围为-241～156kN·m，增长幅度为54.5%。

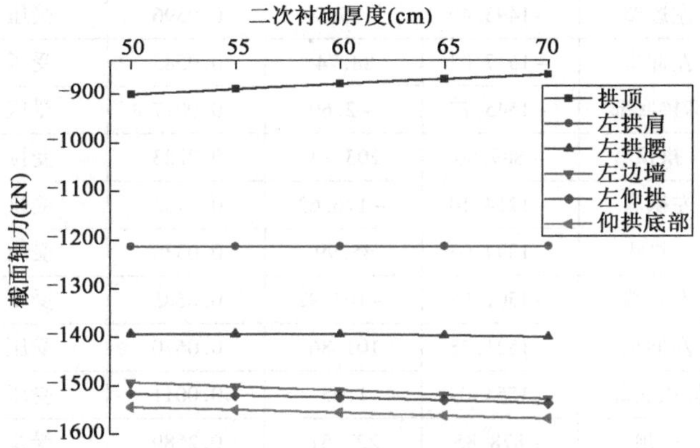

图4-8 截面轴力随二次衬砌厚度变化情况

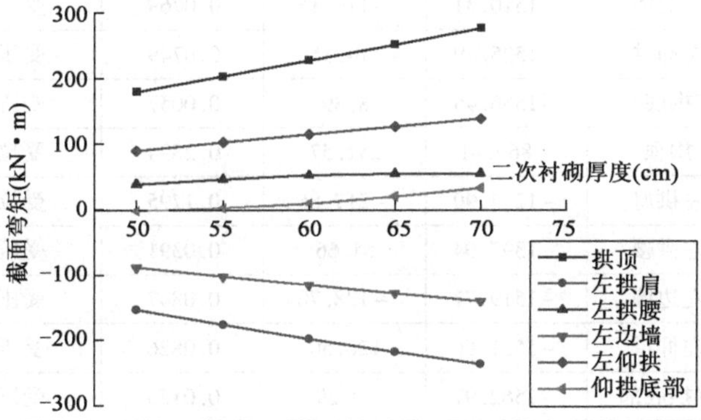

图4-9 截面弯矩随二次衬砌厚度变化情况

(2)安全系数分析

由于内力分布关于隧道中线对称，通过提取二次衬砌左半边典型位置的内力数值，分别计算混凝土结构的偏心距、安全系数，判断结构破坏控制类型，见表4-4。

拱顶无膨胀力荷载时衬砌内力计算 表4-4

二次衬砌厚度(cm)	位置	轴力(kN)	弯矩(kN·m)	偏心距(m)	破坏控制类型	安全系数
50	拱顶	-900.42	179.76	0.1996	受拉	1.67
	左拱肩	-1214.59	-153.53	0.1264	受拉	3.35
	左拱腰	-1393.74	38.28	0.0275	受压	9.33
	左边墙	-1493.49	-89.00	0.0596	受压	8.05
	左仰拱	-1517.03	88.74	0.0585	受压	7.96
	仰拱底部	-1545.77	-2.60	0.0017	受压	8.43
55	拱顶	-889.66	203.13	0.2283	受拉	1.74
	左拱肩	-1214.10	-176.63	0.1455	受拉	3.24
	左拱腰	-1394.03	45.99	0.0330	受压	10.23
	左边墙	-1501.98	-102.92	0.0685	受压	8.72
	左仰拱	-1521.28	101.86	0.0670	受压	8.65
	仰拱底部	-1551.09	1.65	0.0011	受压	9.23
60	拱顶	-878.85	227.51	0.2589	受拉	1.80
	左拱肩	-1213.58	-198.86	0.1639	受拉	3.25
	左拱腰	-1394.66	51.83	0.0372	受压	11.14
	左边墙	-1510.31	-116.16	0.0769	受压	9.39
	左仰拱	-1525.79	114.35	0.0749	受压	9.35
	仰拱底部	-1556.45	8.89	0.0057	受压	10.07
65	拱顶	-869.41	251.57	0.2894	受拉	1.88
	左拱肩	-1213.90	-217.86	0.1795	受拉	3.42
	左拱腰	-1397.04	54.66	0.0391	受压	12.06
	左边墙	-1519.71	-128.70	0.0847	受压	10.07
	左仰拱	-1531.66	126.50	0.0826	受压	10.05
	仰拱底部	-1562.97	19.29	0.0123	受压	10.90
70	拱顶	-859.89	276.60	0.3217	受拉	1.95
	左拱肩	-1214.16	-236.14	0.1945	受拉	3.63
	左拱腰	-1399.91	54.29	0.0388	受压	13.00
	左边墙	-1528.82	-140.61	0.0920	受压	10.75
	左仰拱	-1537.47	138.43	0.0900	受压	10.75
	仰拱底部	-1569.22	32.85	0.0209	受压	11.70

安全系数随二次衬砌厚度变化情况如图 4-10 所示。

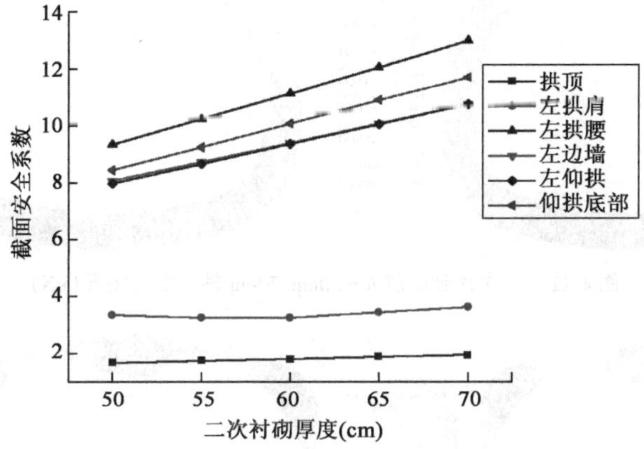

图 4-10　安全系数随二次衬砌厚度变化情况

统计结果表明,拱顶及拱肩区域始终处于大偏心受力状态,受力形式较为不利,结构强度受混凝土抗拉以及抗压强度共同控制,属于弯拉破坏形式。相对于抗压强度而言,混凝土极低的抗拉强度决定了二次衬砌厚度的增加对于该区域受力状态的改善无太大意义。因此随混凝土厚度的增大,拱顶以及拱肩安全系数曲线增速极为缓慢,近似于呈水平分布,二次衬砌厚度 50cm 时结构薄弱面位于拱顶,最小安全系数为 1.6,该区域应以增大结构钢筋强度、配筋率等手段提高结构整体安全性。二次衬砌拱腰以下至仰拱区域混凝土结构处于小偏心受压状态,结构强度受混凝土抗压强度控制,因此具有较高的安全系数。二次衬砌厚度 50cm 时结构最小安全系数已经达到相关规范规定最小值的 4 倍,二次衬砌厚度 60cm 时已达到相关规范规定最小值的 5 倍左右,说明二次衬砌厚度的增大对提高结构小偏心受压区安全系数作用显著。整体而言,二次衬砌结构拱腰处安全系数最大,仰拱以及边墙次之,拱顶、拱肩位置最小。

4.1.8 叠加膨胀力荷载后衬砌内力规律

1)叠加 50kPa 膨胀力荷载

(1)断面内力分析

松散围岩压力叠加 50kPa 膨胀力荷载后,不同厚度二次衬砌内力整体分布情况如图 4-11 ~ 图 4-13 所示,图中轴力值为负表示结构受压,弯矩值为负表示结构靠近围岩一侧受拉。

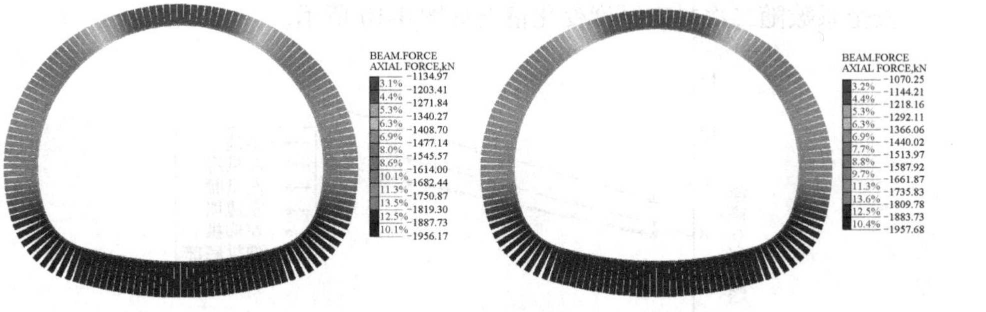

图 4-11　二次衬砌厚度 $h = 50\text{cm}$、70cm 轴力变化情况(kN)

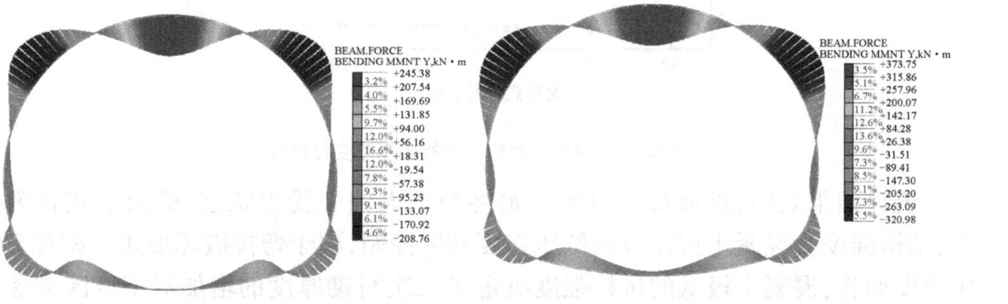

图 4-12　二次衬砌厚度 $h = 50\text{cm}$、70cm 弯矩变化情况(kN · m)

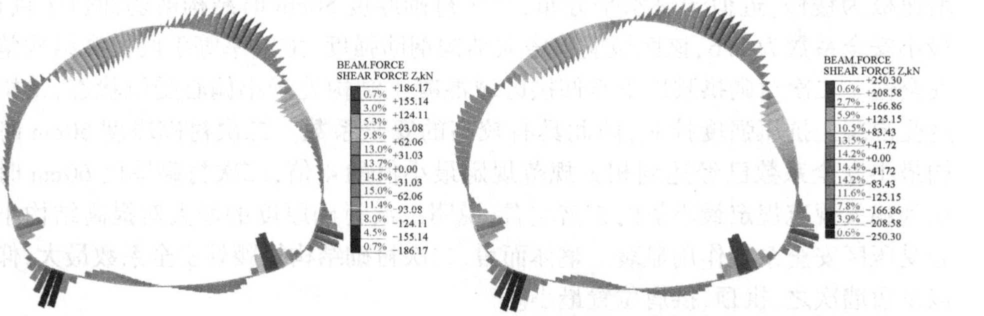

图 4-13　二次衬砌厚度 $h = 50\text{cm}$、70cm 剪力变化情况(kN)

由图 4-11 ~ 图 4-13 可以看出，结构整体承受压应力作用，轴力的分布形态较为均匀且关于隧道中线左右对称，从拱顶位置到仰拱底部位置轴力数值呈线性增大；弯矩值分布关于隧道中线对称，在拱顶、拱腰以及仰拱靠近左右侧拱脚区域出现了较大的正弯矩，左、右侧拱肩以及拱脚位置则出现较大的负弯矩，弯矩变化幅度较大，并且正负弯矩绝对值较为接近，弯矩零点在整个二次衬砌区域对称分布；沿隧道断面剪力值正负变化频繁，分布关于隧道中线对称，中线两侧剪力值绝对值相等但符号相反。当二次衬砌混凝土厚度 $h = 50$cm 时，最大轴力位于仰拱位置，达到 -1956kN；最大正弯矩位于拱顶，达到 245kN·m，最大负弯矩出现在左右拱肩位置，达到 -208kN·m；最大正、负剪力值分别出现在靠近左右侧边墙位置，达到186kN。当二次衬砌混凝土厚度 $h = 70$cm 时，最大轴力位于仰拱位置，达到 -1957kN；最大正弯矩位于拱顶，达到 373kN·m，最大负弯矩出现在左右拱肩位置，达到 -320kN·m；最大正、负剪力值分别出现在靠近左右侧边墙位置，达到 250kN。

截面轴力和弯矩随二次衬砌厚度变化情况如图 4-14、图 4-15 所示。随着衬砌厚度增大轴力值呈现出小幅度的线性变化趋势，拱顶轴力值逐渐减小，仰拱底部轴力值逐渐增大，最大轴力均出现在仰拱底部，变化范围为 -1958 ~ -1956kN，增长幅度为 0.1%；最小轴力出现在拱顶位置，变化范围为 -1135 ~ -1070kN，降低幅度为 5.7%；仰拱底部弯矩值略有增大，弯矩为零的范围逐渐减小，结构受力由轴心受压状态逐渐转变为小偏心受压。

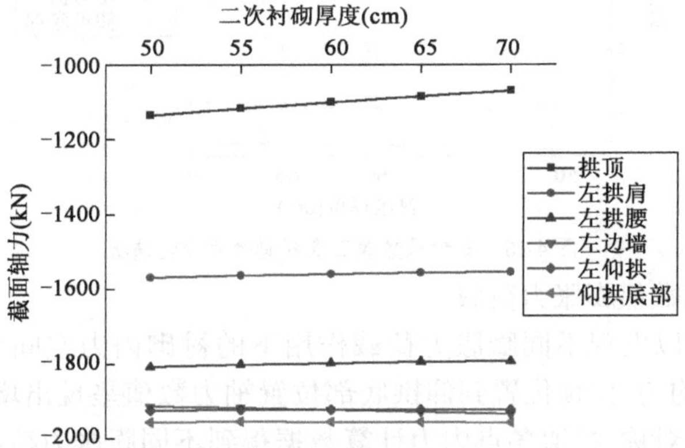

图 4-14　截面轴力随二次衬砌厚度变化情况(kN)

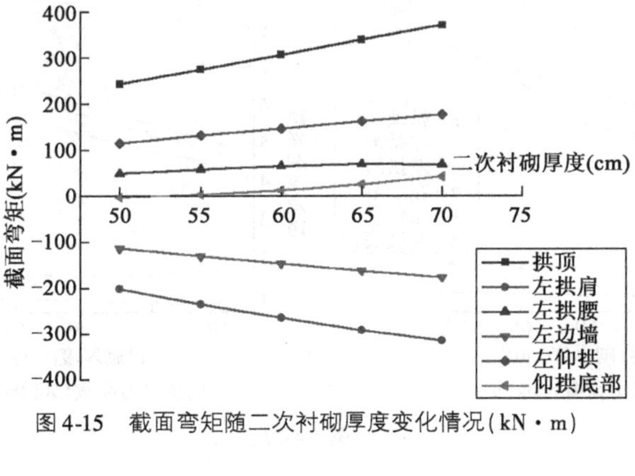

图 4-15　截面弯矩随二次衬砌厚度变化情况(kN·m)

(2)断面安全系数分析

安全系数随二次衬砌厚度变化情况如图4-16所示,拱顶及拱肩区域仍处于大偏心受力状态,二次衬砌厚度50cm时结构的薄弱面位于拱顶位置,素混凝土结构最小安全系数为1.2。拱腰以下至仰拱区域混凝土结构处于小偏心受压状态,二次衬砌厚度50cm时结构最小安全系数达到相关规范规定最小值的3倍,二次衬砌厚度60cm时已达到相关规范规定最小值的3.5倍左右。整体而言,二次衬砌结构拱腰位置安全系数最大,仰拱以及边墙次之,拱顶、拱肩位置最小。

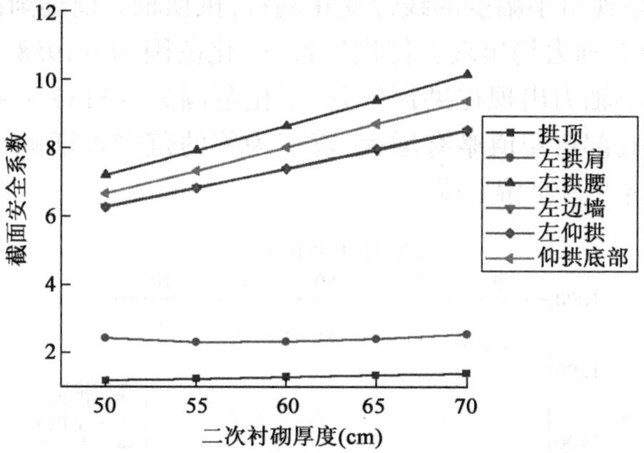

图4-16　安全系数随二次衬砌厚度变化情况

2)叠加其他数值膨胀力荷载

上述计算可以发现不同膨胀力荷载作用下的衬砌内力空间分布形态基本一致,即轴力分布均匀,拱顶位置到仰拱底部位置轴力数值呈现出增大趋势;弯矩分布关于隧道中线对称,提取各点内力计算数据得到不同膨胀力荷载作用下安全系数随二次衬砌厚度变化规律,如图4-17所示。

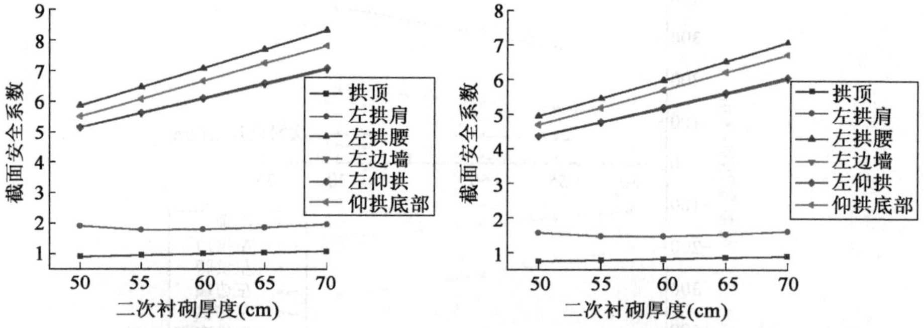

a)膨胀力荷载100kPa　　b)膨胀力荷载150kPa

图　4-17

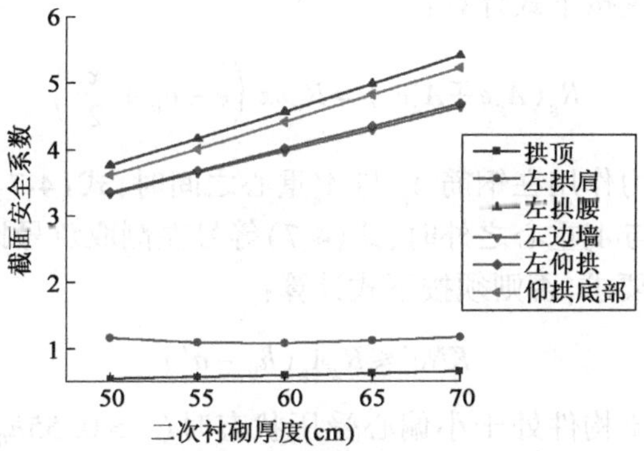

c)膨胀力荷载250kPa

图4-17 不同膨胀力荷载作用下结构安全系数变化曲线

由图4-17可以看出，随着上部叠加膨胀力荷载的增大，二次衬砌厚度50cm时衬砌危险截面位于拱顶，最小安全系数由0.9降低至0.5。拱腰以下至仰拱区域最小安全系数由5.1降低至3.2，说明由抗拉强度控制的截面安全系数对于荷载增加较为敏感。相同膨胀力荷载下受拉控制区域安全系数几乎不随混凝土厚度增加而变化，因此拱顶位置抗拉能力的提升主要依靠后期配置受拉钢筋。对于受混凝土抗压强度控制的截面下部区域，其安全系数明显高于相关规范要求，并且混凝土厚度增加时安全系数呈现出明显的线性增长趋势。

4.2 二次衬砌结构优化

4.2.1 配筋量计算

矩形截面混凝土构件处于大偏心受压状态时（$x \leqslant 0.55h_0$），截面强度按下式计算：

$$KN \leqslant R_w bx + R_g(A'_g + A_g) \tag{4-5}$$

$$KNe \leqslant R_a bx\left(h_0 - \frac{x}{2}\right) + R_g A'_s(h_0 - a') \tag{4-6}$$

截面中性轴位置按下式计算：

$$R_g(A_g e \mp A'_g e') = R_w bx\left(e - h_0 + \frac{x}{2}\right) \tag{4-7}$$

混凝土截面轴力作用在钢筋 A_g 与 A'_g 重心之间时，式(4-7)等号左侧取正号计算；轴力作用在 A_g 与 A'_g 重心之外时，式(4-7)等号左侧取负号计算。混凝土受压区高度应满足 $x \geqslant 2a'$ 要求，否则须按下式计算：

$$KNe' \leqslant R_g A_g(h_0 - a') \tag{4-8}$$

矩形截面混凝土构件处于小偏心受压状态时（$x > 0.55h_0$），截面强度按下式计算：

$$KNe \leqslant 0.5R_a bh_0^2 + R_g A'_g(h_0 - a') \tag{4-9}$$

混凝土截面轴力作用在钢筋 A_g 与 A'_g 重心之间时，需要满足下式：

$$KNe' \leqslant 0.5R_a bh_0^2 + R_g A_g(h_0 - a) \tag{4-10}$$

上述式中：R_w——混凝土弯曲抗压极限强度(MPa)，$R_w = 1.25R_a$；

R_g——钢筋抗压或抗拉计算强度(MPa)；

A'_g、A_g——受压和受拉区钢筋截面面积(mm^2)；

e'、e——钢筋 A'_g、A_g 重心至轴力作用点的距离(mm)；

a'、a——钢筋 A'_g、A_g 重心至构件截面边缘最近的距离(mm)；

h_0——有效截面厚度(mm)；

x——构件受压区高度(mm)。

分析发现在计算荷载作用下，二次衬砌的最不利受力位置均位于隧道拱顶以及拱肩范围，在上述范围内衬砌结构的破坏强度受混凝土抗拉强度控制，因此在最不利荷载组合情况下，拱顶位置出现了极低的安全系数，最小仅为0.54。在结构受抗压强度控制的部位，最不利荷载时安全系数最小为3.3，满足相关规范要求，因此应通过配筋计算提高拱顶及拱肩薄弱部位对拉应力的承受能力，从而使结构整体满足安全性要求。

4.2.2 衬砌配筋量统计

前述弯矩结果显示结构最大正、负弯矩数值较为接近，因此钢筋计算中受拉钢筋以及受压钢筋取相同面积并且均采用HRB400型号，保护层厚度取 $a_s = a'_s = 50mm$，混凝土强度等级为C35，同时还需满足最小配筋率的要求（$\rho \geqslant 0.6\%$）。此次配筋计算为考虑荷载为上部松散围岩体自重叠加 150kPa 膨胀力时荷载组合情况,不同混凝土厚度下二次衬砌配筋量见表 4-5。

不同混凝土厚度下二次衬砌配筋量　　表 4-5

二次衬砌厚度(cm)	配筋面积(mm^2)	配筋率(%)	布置形式
50	3140	0.63	20@200
55	3768	0.68	20@180
60	3800	0.63	22@200
65	4398	0.68	20@150
70	4562	0.65	22@180

4.2.3 二次衬砌厚度优化

(1)造价函数建立

二次衬砌的结构优化是使其在满足自身安全性、耐久性要求的前提下达到降低单位长度造价的目的,影响结构造价最主要的因素为每延米的混凝土以及钢筋用量,对于混凝土材料而言,单位长度造价可由下式表达:

$$C_c = hl_cM_c \tag{4-11}$$

式中:h——二次衬砌厚度(cm);

l_c——二次衬砌中轴线周长(cm);

M_c——每立方米混凝土单价(元)。

衬砌配筋又分为受拉筋、受压筋以及箍筋,在每延米二次衬砌中相应钢筋的造价表达式如下:

$$C_g = C_h + C_z + C_l \tag{4-12}$$

式中:C_h、C_z、C_l——每延米二次衬砌中环向钢筋、纵向钢筋以及箍筋的总费用(元)。

受拉钢筋以及受压钢筋取相同面积,即 $A_s = A_s'$,对于衬砌结构中的箍筋以及纵向钢筋,由于在配置中只需要满足相应的配筋率要求,相对于环向钢筋而言重要性较低,因此造价表达式中不对其进行计算,每延米二次衬砌中钢筋的造价表达式可变换如下:

$$C_g = C_h = \rho hl_gM_g + \rho' hl_g'M_g' = \rho hM_g(l_g + l_g') \tag{4-13}$$

式中:ρ、ρ'——受拉、受压钢筋配筋率(%);

M_g、M_g'——每立方米钢筋单价(元);

l_g、l'_g——受拉、受压筋长度(cm)。

综上二次衬砌混凝土单价 C 有如下造价函数表达：

$$C = C_c + C_g = hl_c M_c + \rho h M_g (l_g + l'_g) \tag{4-14}$$

式(4-14)中与最终造价函数表达式相关的自变量仅有混凝土厚度 h 以及配筋率 ρ。

二次衬砌在外荷载作用下通常处于偏心受力状态，因此结构薄弱面需要满足截面在大、小偏心受力状态下的约束条件，即式(4-5)、式(4-6)、式(4-9)以及式(4-10)，同时衬砌配筋率不应超过上限 $0.55\frac{R_w}{R_g}$，另混凝土抗裂、变形等因素对于结构优化不起主导作用，因此暂不考虑。该优化问题最终转换为求解满足约束条件的 h、ρ，以使造价函数 C 达到最小值。

(2)每延米造价分析

二次衬砌材料用量见表4-6。

二次衬砌材料用量(单位长度) 表4-6

衬砌厚度(cm)	混凝土(m^3)	环向钢筋(t)	布置形式	每延米造价(元)
50	20.20	0.2537	20@200	13185
55	22.30	0.3056	20@180	14663
60	24.42	0.3093	22@200	15951
65	26.56	0.3593	20@150	17445
70	28.71	0.3745	22@180	18798

其中C35混凝土计算单价 M_c = 450元/m^3，HRB400钢筋单价 M_g = 4200元/t，由于混凝土厚度的增加对于拱顶大偏心受压区安全系数的提升极小，因此根据二次衬砌厚度变大后引起的混凝土用量上涨，以及为满足结构最小配筋率要求增加的钢筋用量导致了每延米成本的上升，可以看出当二次衬砌厚度为50cm时在满足结构安全系数要求的前提下衬砌结构造价达到最小，相较于原衬砌厚度(60cm)造价下降了。

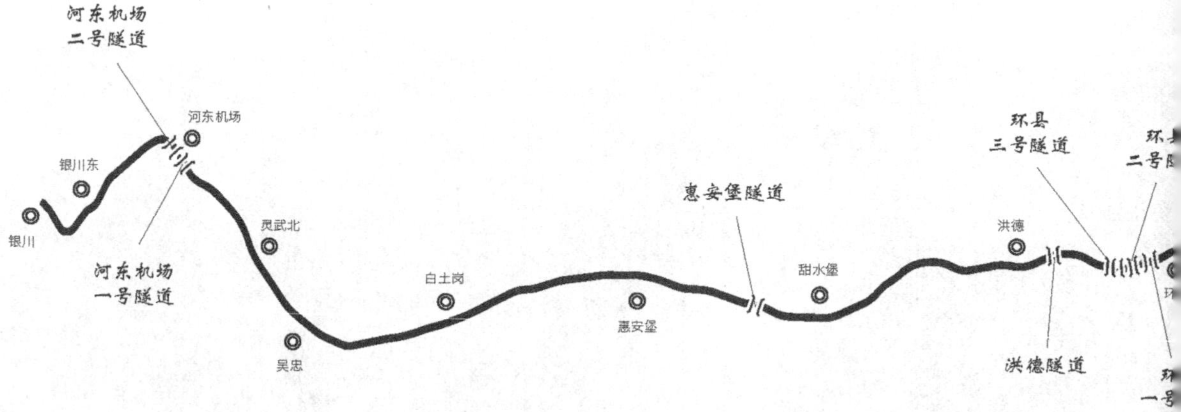
河东机场
二号隧道
河东机场
银川东
银川
灵武北
河东机场
一号隧道
白土岗
吴忠
惠安堡
惠安堡隧道
甜水堡
洪德
环县
三号隧道
洪德隧道

第5章

隧道仰拱结构受力分析研究

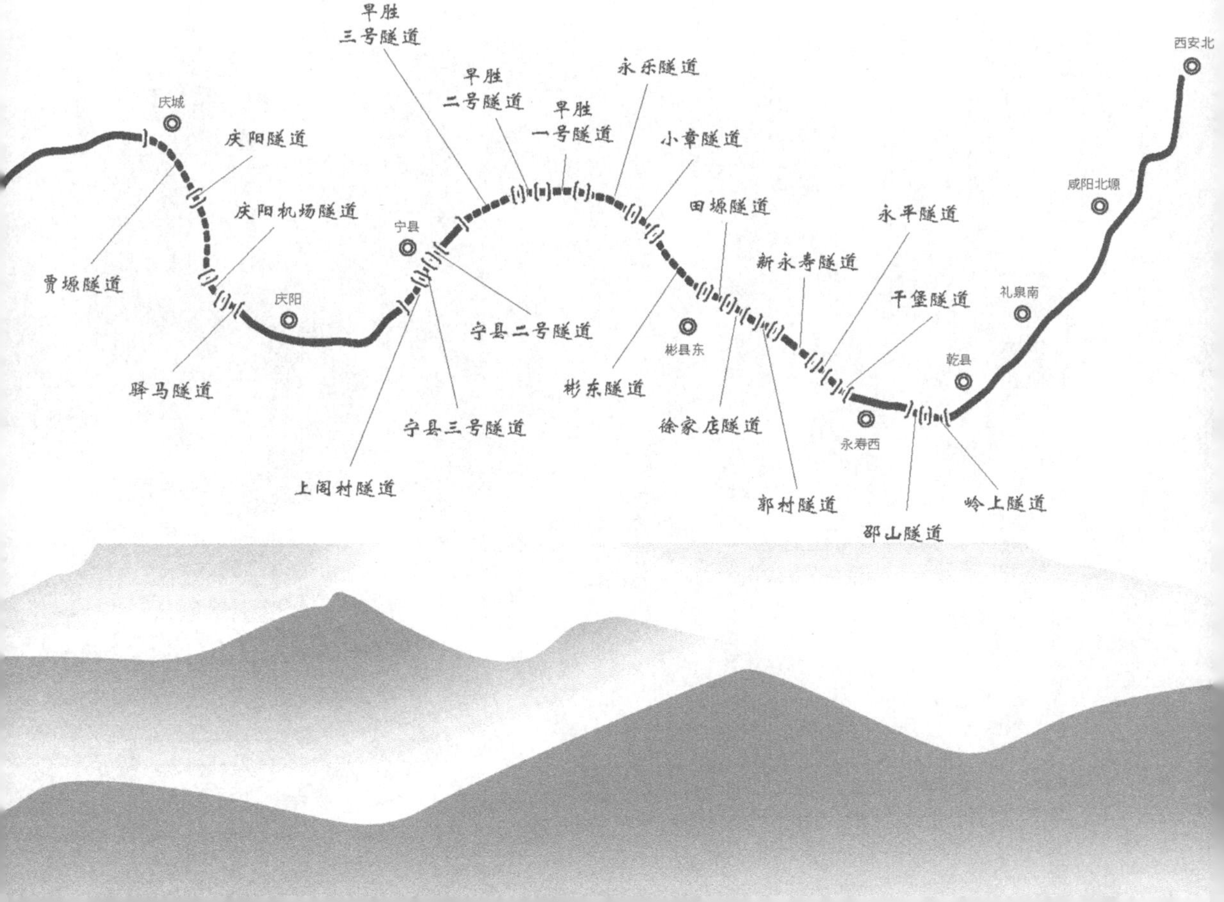

5.1 仰拱矢跨比对结构影响规律研究

早胜隧道属于深埋隧道,所以不考虑气候特点和温差对二次衬砌混凝土的影响。为了使模型计算结果与实际情况相近,采用弹簧单元模拟围岩抗力时要注意弹簧单元只能受压,不能受拉。因此,在模型建立和计算时要把受拉的弹簧单元全部去掉,同时要尽可能使模型的约束情况与结构的实际情况相似,通过多次优化使得模拟结果与结构实际受力相近。

根据围岩压力监测结果分析得出作用在衬砌结构上的围岩压力。建模中取监测数据中的围岩压力,拱顶取60kPa,拱腰两侧取120kPa,拱底取75kPa。自重荷载通过 ABAQUS 有限元软件直接添加,仰拱所受的膨胀力为56kPa。

下面围绕仰拱矢跨比分别取 0. 105、0. 134、0. 167、0. 201 情况下,研究不同仰拱矢跨比下衬砌受力状况,并选取最优矢跨比。

(1)不同仰拱矢跨比的位移变形图(图 5-1)

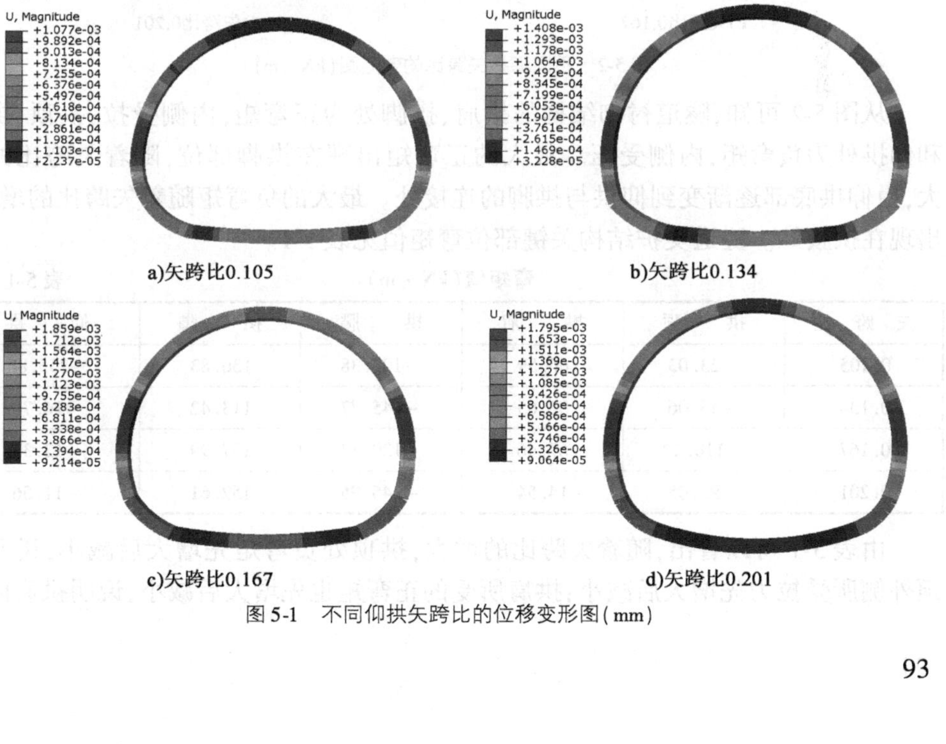

图 5-1　不同仰拱矢跨比的位移变形图(mm)

由图 5-1 可知，随着矢跨比的增大，仰拱的位移变形越来越小，到矢跨比为 0.201 时，仰拱的位移几乎没有变化，拱顶的变形变化较小。

(2)不同仰拱矢跨比的弯矩图(图 5-2)

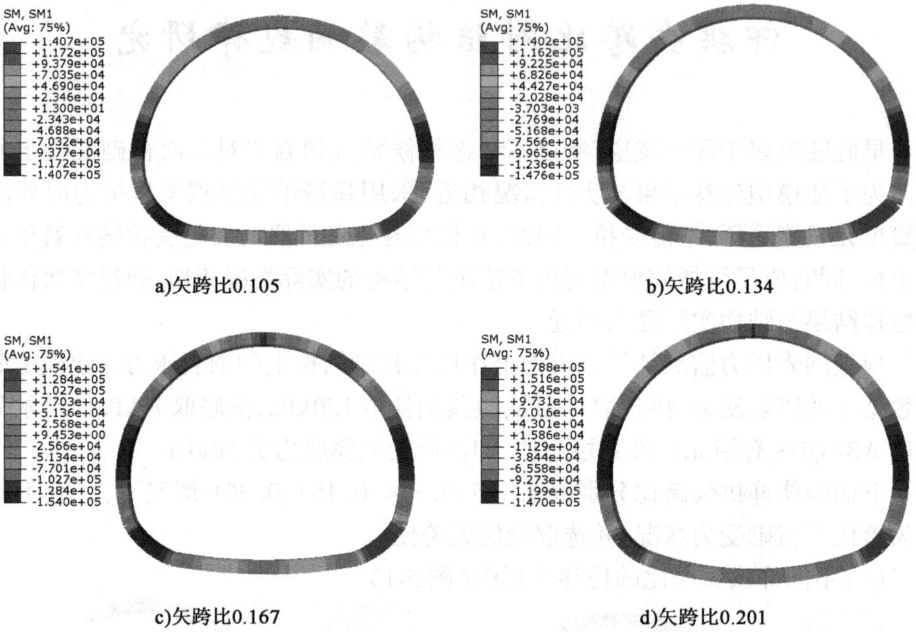

图 5-2　不同仰拱矢跨比的弯矩图(kN · m)

从图 5-2 可知，隧道衬砌结构的拱肩、拱脚处为正弯矩，内侧受拉；拱顶、拱腰和仰拱处为负弯矩，内侧受压。最大的正弯矩出现在拱脚部位，随着矢跨比的增大，由仰拱底部逐渐变到仰拱与拱脚的连接处。最大的负弯矩随着矢跨比的增大，出现在拱腰处。隧道支护结构关键部位弯矩值见表 5-1。

弯矩值(kN · m)　　表 5-1

矢　跨　比	拱　　顶	拱　　肩	拱　　腰	拱　　脚	仰　　拱
0.105	-23.03	66.59	-103.38	136.83	-255.88
0.134	-45.06	82.65	-145.77	113.42	-16.70
0.167	-110.22	67.46	-129.32	137.99	-12.33
0.201	-95.05	14.54	-145.95	152.61	-11.56

由表 5-1 可以看出，随着矢跨比的增大，拱顶处负弯矩先增大后减小，说明拱顶外侧所受拉力先增大后减小；拱肩所受的正弯矩也先增大后减小，说明拱肩内侧

所受拉力也先增大后减小；拱脚处的弯矩值先减小后逐渐增大，矢跨比为 0.134 时最小；仰拱处的负弯矩逐渐减小，并且矢跨比为 0.201 时，弯矩值小到几乎可以忽略不计。

矢跨比为 0.105 时，最大正弯矩在拱脚处，最大负弯矩在仰拱底部；矢跨比为 0.134 时，最大正弯矩在拱脚处，最大负弯矩在拱腰处；矢跨比分别为 0.167 和 0.201时，最大正弯矩出现在拱脚处，最大负弯矩出现在拱腰处。

上述分析可知，矢跨比为 0.167 时，衬砌结构所受的弯矩最小。因此，假设弯矩作为主控因素时，隧道最优矢跨比应取 0.167。

（3）不同仰拱矢跨比的剪力图（图 5-3）

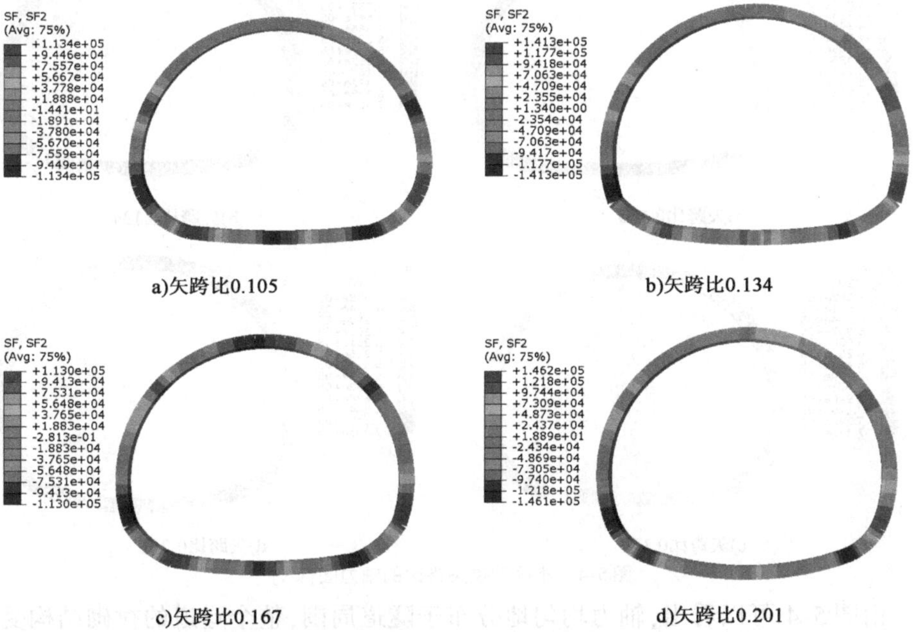

图 5-3 不同仰拱矢跨比的剪力图（kN）

由图 5-3 可以看出，隧道衬砌结构的剪力都是对称分布，最大正剪力与负剪力均出现在仰拱与拱脚的连接处，说明该部位容易发生剪切破坏，应加强支护。隧道支护结构关键部位的剪力值见表 5-2。

剪力值（kN） 表 5-2

矢跨比	拱顶	拱肩	拱腰	左拱脚	右拱脚	仰拱
0.105	-5.72	2.77	54.42	41.29	-41.29	111.59
0.134	11.12	-0.90	21.34	64.46	-64.46	97.39

续上表

矢跨比	拱顶	拱肩	拱腰	左拱脚	右拱脚	仰拱
0.167	99.05	-54.00	30.12	55.77	-55.68	90.86
0.201	60.96	-44.85	14.39	99.89	-99.80	62.57

从表5-2可以看出，随着矢跨比的增大，受拉侧的剪力与受压侧的剪力均波动增加，所以假设剪力作为主控因素时，隧道的最优仰拱矢跨比为0.167。

(4)不同仰拱矢跨比的轴力图(图5-4)

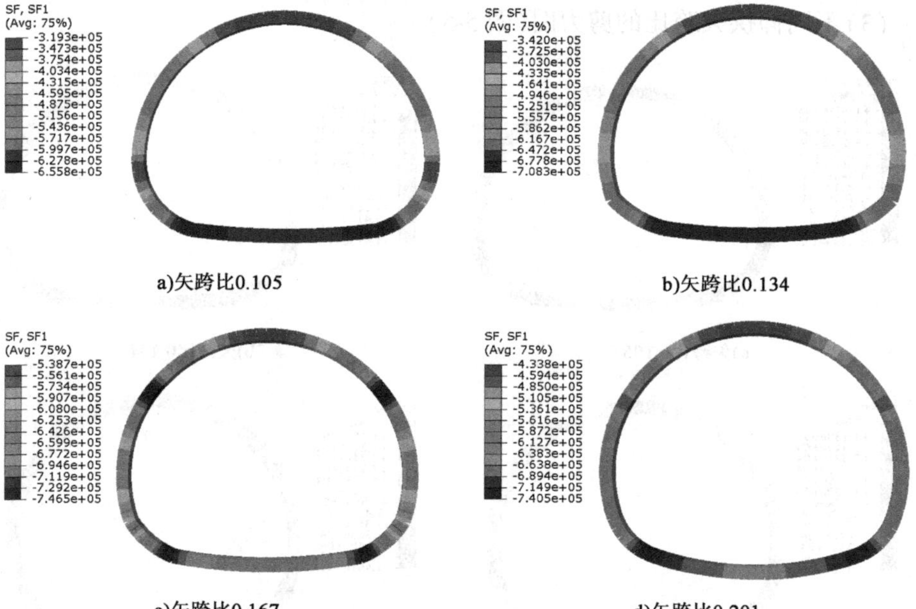

a)矢跨比0.105　　b)矢跨比0.134

c)矢跨比0.167　　d)矢跨比0.201

图5-4　不同仰拱矢跨比的轴力图(kN)

由图5-4可以看出，轴力均匀地分布于隧道周围，整个隧道的衬砌结构受压，轴力在拱顶处较小，由拱顶到拱脚处逐渐增大，在拱脚处最大，再到仰拱处逐渐减小。隧道支护结构关键部位轴力值见表5-3。

轴力值(kN)　　表5-3

矢跨比	拱顶	拱肩	拱腰	拱脚	仰拱
0.105	-319.28	-462.95	-337.19	-623.59	-622.36
0.134	-341.96	-469.75	-456.41	-668.06	-680.34
0.167	-538.74	-705.34	-579.54	-720.70	-670.83
0.201	-433.85	-606.02	-566.40	-725.98	-661.69

由表5-3可以看出,拱顶部位轴力较小,拱脚部位轴力最大,其大小是其他部位的1~2.3倍。除拱脚部位,其余部位均随着矢跨比的增大,轴力先增大后减小。

(5)安全系数

不同矢跨比下隧道衬砌结构的安全系数见表5-4。

安 全 系 数 表5-4

矢跨比	0.105	0.134	0.167	0.201
安全系数	1.09	2.71	2.97	2.44

由表5-4可以看出,随着矢跨比的增大,安全系数先增大后逐渐减小。矢跨比为0.167时,安全系数最大,隧道初期支护的衬砌结构最安全。

通过对不同仰拱矢跨比的位移变形图、轴力图、弯矩图、剪力图分析可以得出,隧道的衬砌结构在拱脚与仰拱处需要加强支护。由于隧道呈拱形结构,最理想的模型为整个衬砌断面只受轴力,没有剪力和弯矩。对比4组不同的仰拱矢跨比,只有矢跨比在0.167时所受的剪力和弯矩最小,安全系数最大。而且在考虑弯矩或剪力作为主控因素时,最优的仰拱矢跨比均为0.167。因此,当仰拱矢跨比为0.167时,对隧道衬砌内力的影响最小,结构最安全,即为该隧道的最优仰拱矢跨比。

5.2 仰拱厚度对结构影响规律研究

(1)计算工况

工况一:仰拱二次衬砌厚度为60cm,其他位置二次衬砌厚度为60cm。

工况二:仰拱二次衬砌厚度为70cm,其他位置二次衬砌厚度为60cm。

(2)计算参数

隧道上覆土体自上而下分别为黏质黄土和古土壤,初期支护采用C20喷射混凝土,弹性模量取25.4GPa,工字钢均采用I20a;二次衬砌混凝土均采用C35混凝土,弹性模量取32.3GPa;临时仰拱采用C20喷射混凝土,工字钢均采用I18a。

(3)计算结果分析

①工况一

工况一数值模拟计算结果如图5-5所示。

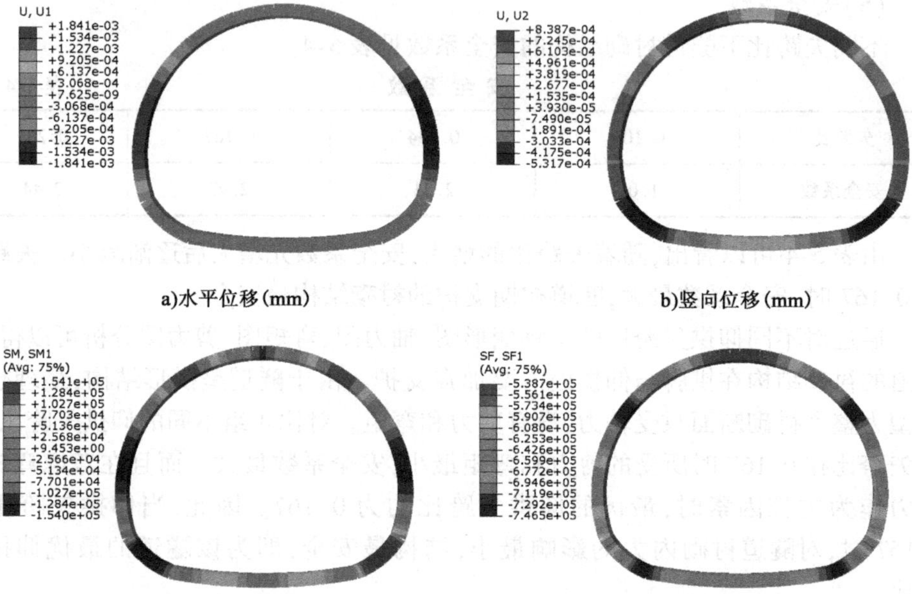

a)水平位移(mm)　b)竖向位移(mm)

c)衬砌弯矩(N·m)　d)衬砌轴力(N)

图5-5　工况一数值模拟计算结果图

由图5-5分析,整个衬砌截面受压,最大轴力发生在拱肩与拱脚处;最小值发生在拱顶处。弯矩在拱脚处达到最大,两侧拱脚外侧受拉。

②工况二

工况二数值模拟计算结果如图5-6所示。

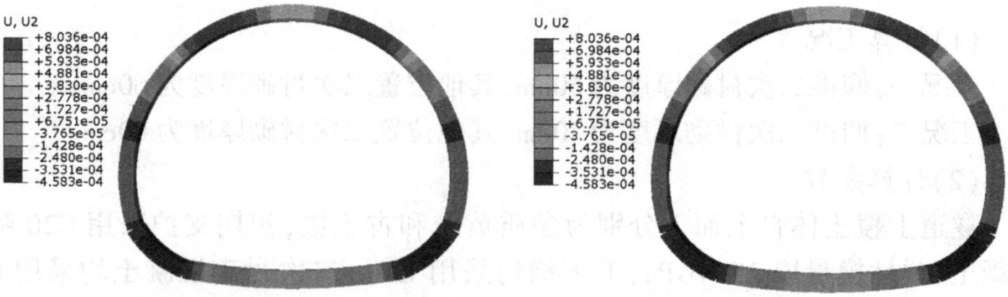

a)水平位移(mm)　b)竖向位移(mm)

图　5-6

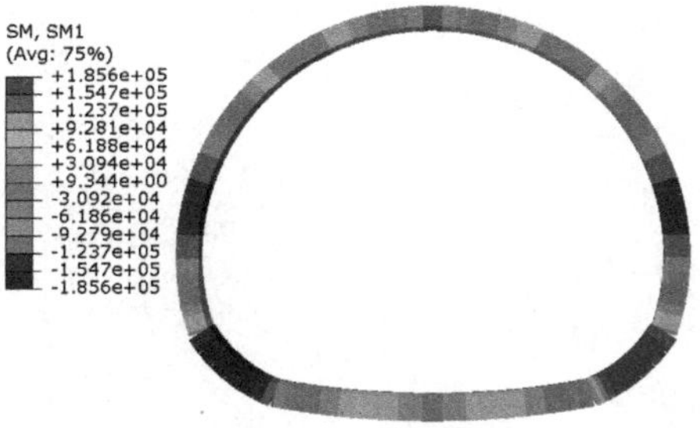

c)衬砌弯矩(N·m)

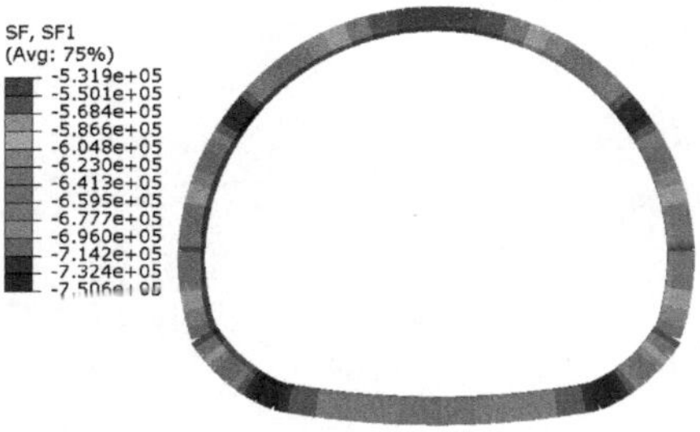

d)衬砌轴力(N)

图5-6　工况二数值模拟计算结果图

由图5-6分析,整个衬砌截面受压,最大轴力发生在拱肩与拱脚处;最小值发生在拱顶处。弯矩在拱脚处达到最大,拱脚外侧受拉。相比工况一,工况二衬砌断面受到弯矩减小,整个断面的安全系数提高。因此仰拱二次衬砌厚度为70cm,其他位置二次衬砌厚度为60cm对隧道更有利。

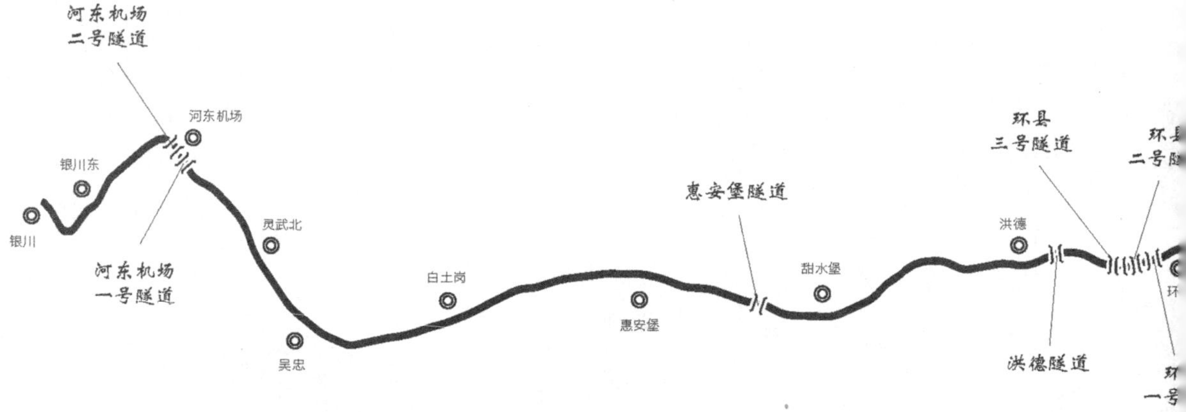
河东机场
二号隧道
河东机场
银川东
银川
灵武北
河东机场
一号隧道
吴忠
白土岗
惠安堡
惠安堡隧道
甜水堡
洪德
洪德隧道
环县
三号隧道

第6章

古土壤隧道施工关键技术

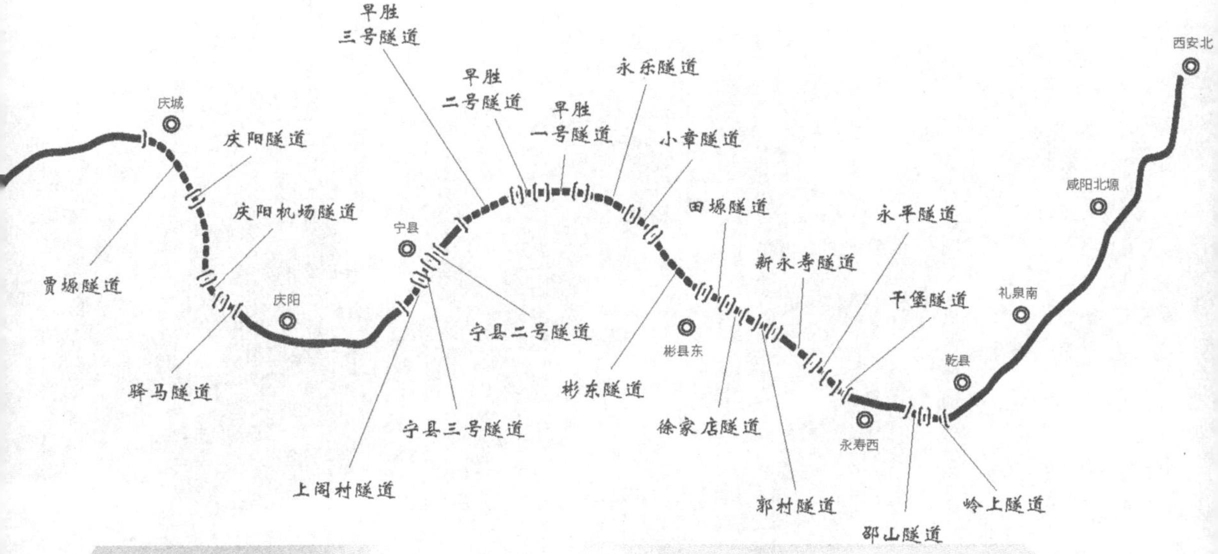

6.1 快速施工关键技术

在国内大断面软岩隧道施工中,我们往往会面临以下问题:对工期的要求相对紧迫,需组织快速施工;工程水文地质复杂,可变性大,需选择一种能适应地质变化而迅速过渡的施工方法;需最大限度地发挥大型施工机械的优势,以求最佳的施工进度;把长期施工实践所积累的作业习惯融合于施工方法中,做到高工效、易掌握,快速形成施工能力等要求。

借鉴近几年大断面隧道施工的成功经验,为规避传统施工方法的局限性,加快隧道施工进度、保证隧道施工安全、提高施工质量,针对古土壤隧道提出了三台阶七步法和两台阶预留核心土法。

6.1.1 三台阶七步法

1)施工特点

(1)施工空间大,方便机械化施工,可以多作业面平行作业。部分软岩或土质地段可以采用挖掘机直接开挖,工效较高。

(2)在地质条件发生变化时,便于灵活、及时地转换施工工序,调整施工方法。

(3)适应不同跨度和多种断面形式,初期支护工序操作便捷。

(4)在台阶法开挖的基础上,预留核心土,左右侧错开开挖,利于开挖工作面稳定。

(5)当围岩变形较大或突变时,在保证安全和满足净空要求的前提下,可尽快调整闭合时间。

2)适用范围

本工法适用于开挖断面面积为100~180m^2,具备一定自稳条件的Ⅳ、Ⅴ级围岩地段隧道的施工,不适用于围岩地质为流塑状态、洞口浅埋偏压段(但经过反压处理或施作超前大管棚后可采用)。

3)工艺原理

在隧道开挖过程中,以弧形导坑开挖预留核心土为基本模式,分上、中、下三个台阶七个开挖面,以前后七个不同的位置相互错开开挖,分部及时支护,形成支护整体,缩短作业循环时间,各部位的开挖与支护沿隧道纵向错开、平行推进的隧道施工方法。

4)施工过程

施工工艺流程如图 6-1 所示。

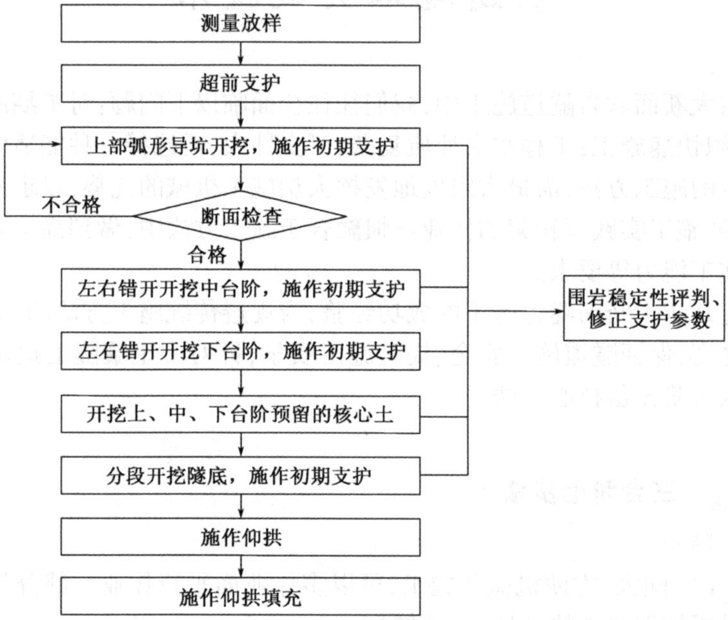

图 6-1　施工工艺流程图

5)施工步骤

第 1 步,上部弧形导坑开挖:在拱部超前支护后进行,环向开挖上部弧形导坑,预留核心土,长度宜为 3 ~ 5m,宽度宜为隧道开挖宽度的 1/3 ~ 1/2。开挖循环进尺应根据初期支护钢架间距确定,最大不得超过 1.5m,开挖后立即初喷 3 ~ 5cm 厚混凝土。上台阶开挖矢跨比应大于 0.3,开挖后应及时进行喷、锚、网系统支护,架设钢架,在钢架拱脚以上 30cm 高度处,紧贴钢架两侧边沿按下倾角 30°打设锁脚锚杆,锁脚锚杆与钢架牢固焊接,复喷混凝土至设计厚度。

第 2、3 步,左、右侧中台阶开挖:开挖进尺应根据初期支护钢架间距确定,最大不得超过 1.5m,开挖高度一般为 3 ~ 3.5m,左、右侧台阶错开 2 ~ 3m,开挖后立即初喷 3 ~ 5cm 混凝土,及时进行喷、锚、网系统支护,接长钢架,在钢架墙脚以上 30cm 高度处,紧贴钢架两侧边沿按下倾角 30°打设锁脚锚杆,锁脚锚杆与钢架牢固焊接,复喷混凝土至设计厚度。

第4、5步，左、右侧下台阶开挖：同左右侧中台阶开挖步骤。

第6步，开挖上、中、下台阶核心土：分别开挖上、中、下台阶预留的核心土，开挖进尺与各台阶循环进尺相一致。

第7步，隧底开挖：每循环开挖长度宜为2～3m，开挖后及时施作仰拱初期支护，完成两个隧底开挖、支护循环后，及时施作仰拱，仰拱分段长度宜为4～6m。

6）配套工装设备

本工法操作相对简单，单作业面施工机具配备见表6-1，可根据施工现场情况适当调整。

单作业面施工机具配备　　表6-1

序号	作业项目	机具设备名称	规格型号	单位	数量	备注
1	开挖	电动压风机	$20m^3/min$	台	5	高压供风
		双液注浆机	$4m^3/h$	台	2	注浆
		风镐	G10	台	8	开挖修边
		风动凿岩机	YT-28	台	15	系统锚杆、超前支护、局部爆破钻眼
		挖掘机	CAT320C	台	1	开挖、装渣
		自卸车	20t	辆	6	出渣
		装载机	WA470	辆	2	装渣
		泥浆泵	$100m^3/h$	台	2	排水
2	初期支护	钢筋切断机	QJ40-1	台	1	加工钢筋
		钢筋折弯机	GW40	台	1	加工钢筋
		电焊机	BX-300	台	5	加工钢架、格栅及其他钢构件
		电焊机	BX-400	台	2	加工钢构件
		台式钻床	SP-25A	台	1	加工钢构件
		搅拌机	JS500	台	2	拌和混凝土
		湿喷机	TK961	台	3	喷射混凝土
3	量测仪器	全站仪	SET2130R	台	1	—
		水准仪	PENTAXAP-128	台	1	—
		铟钢尺	—	个	2	—
4	通风	通风机	2×110kW	台	1	通风

6.1.2 两台阶预留核心土法

1)大跨度隧道的受力特点

与普通隧道受力相比,大跨度深埋隧道受力主要存在以下几个问题:

(1)开挖后的应力重分布差。因为大跨度隧道宽度比普通隧道大得多,而高度却没什么变化,这就使大跨度隧道的断面呈扁平的拱形。

(2)底脚处的应力集中过大,要求提高地基的承载力。因为开挖后的应力在侧壁处比较大,开挖宽度越大,轴力也越大,特别是侧压系数小时,净空宽度有扩大的可能,因此,底脚的承载力是很重要的。

(3)拱顶不稳定。因为大跨度隧道断面的拱顶比普通隧道断面拱顶扁得多,更不容易使围岩形成稳定的承载拱,从而使得支护结构承受大部分的荷载。

(4)较大的松弛压力。因为大跨度隧道产生拱作用的埋深也越大,在埋深小的时候,拱作用不能发挥时,就会产生很大的松弛压力。因此,大跨度隧道容易产生松弛压力。

2)采用 FLAC 3D 进行数值模拟

采用 FLAC 3D 进行数值建模,Ⅳ[d]型衬砌支护,开挖半径为742cm,初期支护内轮廓半径为715cm,上台阶高度为518.51cm,下台阶高度为586.46cm,初期支护采用 I20a 钢架、间距为0.8m/榀,每个台阶两侧各设置2根长4m、ϕ42mm 壁厚3.5mm 的锁脚锚管,边墙设置 ϕ22mm 砂浆锚杆,单根长度3.5m、环1.2m × 纵1.2m梅花形布置,HPB300ϕ8 钢筋网网格为 20cm × 20cm,喷射 C25 混凝土厚27cm。

(1)计算模型及边界条件

模型采用弹塑性平面应变模式,利用 FLAC 3D 进行非线性分析。有限元计算区域范围:隧道顶部为全部上覆围岩厚度,深部取隧道底部开挖轮廓线下隧道跨度的5倍,左右两侧分别取隧道跨度的5倍;模型两侧边界的水平方向被约束,底边界垂直方向被约束,建立计算模型如图6-2所示。

(2)应力及位移分析观测点的选取

通过有限元软件 FLAC 3D 进行模拟,得出了设计开挖方案下隧道围岩和初期支护的各种受力特征和变形特征。为了更方便地比较各种施工方法对隧道的影响,选取模型中一定范围内隧道应力和位移分析观测点,分别在拱顶、左边墙、右边墙、仰拱中间,如图6-3所示。

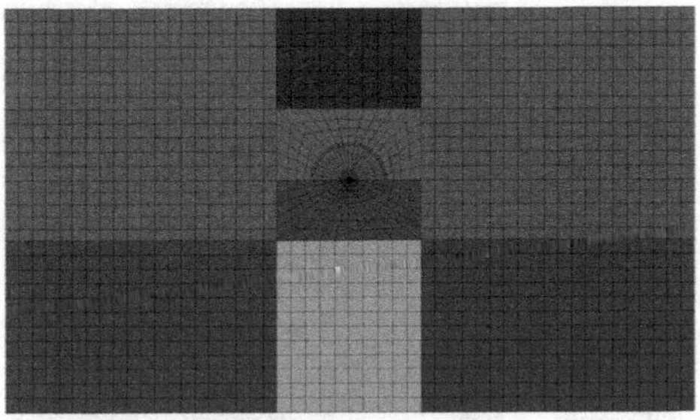

图 6-2　计算模型

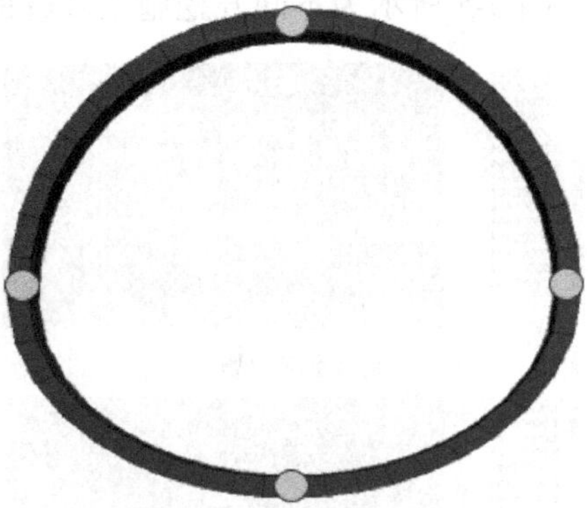

图 6-3　应力和位移分析观测点

3)数据分析

图 6-4 所示为不同开挖施工步骤的隧道模型位移云图。

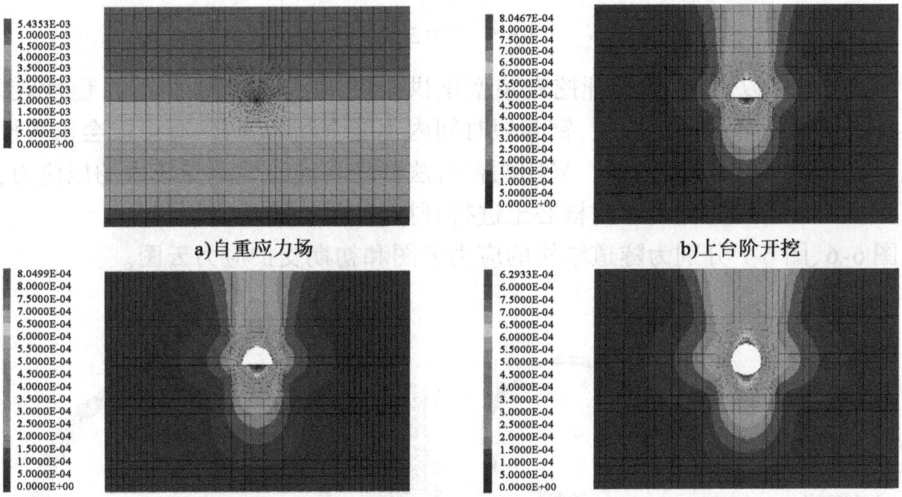

a)自重应力场　b)上台阶开挖

c)初期支护　d)全开挖

图 6-4　位移云图

上部弧形导坑在拱部超前支护后进行,采取环向开挖。开挖循环进尺根据初期支护钢架间距 0.8m 确定,最大不得超过 1.6m。开挖后立即初喷厚 4cm 混凝土,并及时进行喷、锚、网系统支护。

由图 6-4 可以看出,采取两台阶预留核心土法时,其最大地层变形出现在隧道拱顶附近,量值不足 1.5cm,控制效果明显。此外,截面水平收敛值约 1.1cm,变形过程随施工步序改变较明显,洞周收敛变形和拱顶下沉的控制符合要求。

图 6-5 所示为不同开挖施工步骤的隧道模型应力云图。

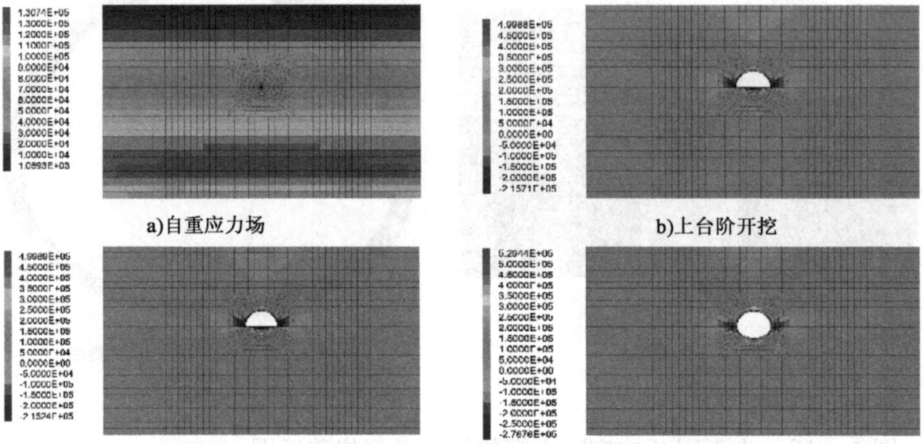

a)自重应力场　b)上台阶开挖　c)初期支护　d)全开挖

图 6-5　应力云图

由图 6-5 可以看出,拱部开挖安装型钢拱架后,由于隧道围岩的自稳性较差,以及各部开挖拉开了一定距离,钢架短时间内不能全断面闭合,有可能会出现拱顶钢架下沉,进而导致围岩失稳。采用两台阶法开挖将使边墙承受较大的压应力,其值将大于 5MPa,因此应当预留核心土进行开挖,使得边墙受力均匀。

图 6-6、图 6-7 分别为隧道结构的应力云图和初期支护应力云图。

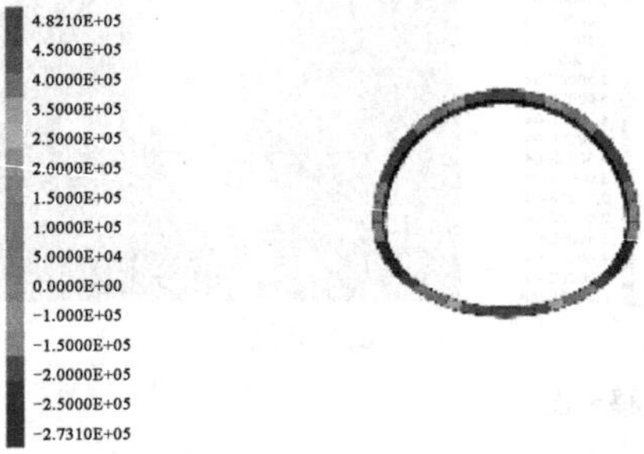

图 6-6　隧道结构应力云图

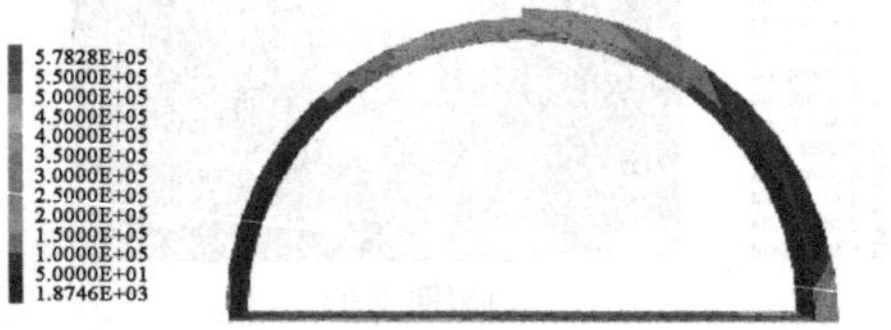

图 6-7　初期支护应力云图

由图 6-6、图 6-7 可以看出,采用两台阶预留核心土法开挖时,初期支护的最大压应力不超过 5MPa,其值未超过混凝土的弯曲抗压强度设计值,说明采用此施工方法进行开挖是合理的。

6.2 防排水施工关键技术

6.2.1 施工排水总体方案

庆阳隧道采用机械排水，设置多级泵站接力排水，工作面积水采用移动式潜水泵抽至就近泵站或临时集水坑内，其余已施工地段隧道渗(涌)水经隧道内侧沟自然汇积到泵站水池或临时集水坑内，由固定排水泵站将积水经排水管路抽排至上一级排水泵站水池，采取固定式排水泵站接力将洞内积水抽排至洞外，经污水处理池处理后排放；临时集水坑根据汇水段水量大小而定。工作水泵按每组使用 1 台、备用 1 台配备，针对隧道涌水量大时要适当增加工作水泵。设专业排水队伍进行管理和操作。

6.2.2 现场临时排水

隧道施工临时排水根据坡度、水量和设备情况布置管路和排水泵站，一次或分段接力排出洞外。结合目前砂岩段落有渗漏水但出水量不大的实际情况，在施工过程中根据不同的积水情况选择排水方案。

(1) 仰拱二次衬砌端头积水

仰拱二次衬砌端头的积水采取污水潜水泵通过 ϕ80mm 消防软管直接抽排至洞外，在最低处通过风镐凿出一个集水坑，集水坑尺寸 40cm × 40cm，深 20cm，集水坑采用砂浆抹面，厚度不小于 3cm，防止积水渗透浸泡初期支护仰拱基础。在仰拱混凝土浇筑时采取相同强度等级的混凝土回填，回填前需清理基坑内杂物。

(2) 仰拱二次衬砌未施工段落积水

①隧道洞身土石界面处有水渗出或涌出的，初期支护封闭前采用土工布包裹双壁打孔波纹管的措施将水归集、接管排出隧道，避免冲刷地层浸泡拱脚。初期支护施工完成段落，土质段落不得设置集水坑，直接引流排出，砂岩地段集水坑与拱脚距离不小于 2m。

②拱脚处排水沟的设置:距离两侧拱脚80~100cm的距离人工开挖V形排水沟,采用M10砂浆抹面,厚3cm,纵向坡度与线路坡度相同。

③集水坑的设置:两侧临时排水沟的积水通过汇集流向掌子面方向,根据出水量的大小确定集水坑的设置位置,原则上每50m设置一处,集水坑设置在线路中线位置,尺寸为长100cm、宽100cm、深100cm,采用M10砂浆抹面,厚3cm,或采用喷射混凝土封闭;同时四周采用围栏防护,设置警示标识,为保证道路的畅通,集水坑上方设置6m栈桥通过。

④施工作业面积水通过设置临时集水坑收集,然后通过小型污水泵使用ϕ80mm消防软管将积水抽排至最近的集水井内,然后再通过固定的排水管道排出洞外。

⑤排水管路的布设:根据洞内水量情况,结合选配的抽水设备,正常施工排水采用3套管路(可根据隧道施工后洞内涌水情况增加管路),1套为ϕ50mm塑料管排出仰拱端头的积水,1套为ϕ80mm塑料管排出集水井的积水,两路排水管与洞内的高压风水布置在同一侧,1套为ϕ50mm消防软管(工作面上移动集水)。

6.2.3 清污分流

1)清污分流原则

按照清洁生产的原则,隧道涌水与围岩渗水属于清洁的天然水,应单独收集、利用或排放。但当爆破或钻洞开挖施工时都会诱发隧洞涌水、围岩渗水与施工废水同步产生。因此,除极个别的特殊情况,隧洞涌水和围岩渗水一般很难与施工废水彻底分开。加之隧洞作业空间相对狭小且封闭,废水多为混合后引出洞外处理。

图6-8 污水处理池

2)清污分流实施方案

(1)在工点驻地建立污水处理池(图6-8),并做好安全防护。

(2)工点内污水统一排放至污水处理池,经污水处理池沉淀、净化的污水,一部分采用水泵抽到洞口高压水池内,供洞内施工用,另一部分经检测达标后排放。

(3)工点需定期对污水处理池进行清理,清理出的废物统一处置,不得随意堆放。

(4)严禁将未经沉淀、净化的污水直接排放,污染水源。

6.2.4 地层防排水体系研究

结构防排水系统施工流程如图6-9所示。

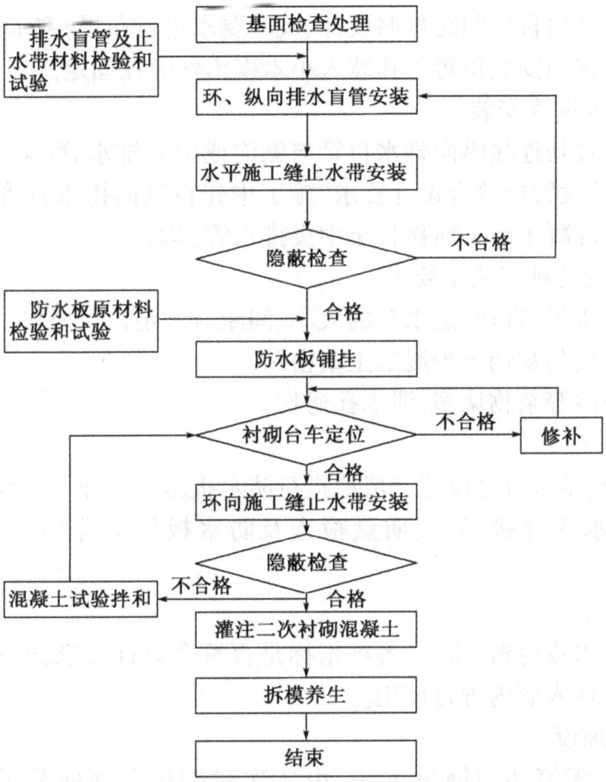

图6-9 结构防排水施工流程图

1)基面处理

(1)基面处理主要对初期支护表面的渗漏水、外露的突出物及表面凹凸不平处进行处理。对基面渗漏水,采用回填注浆进行堵水,以保持基面无明显漏水;对初期支护表面外漏的锚杆头、钢筋头等硬物进行割除,再用砂浆进行抹平;对初期支护表面凹凸不平处采用喷射混凝土补喷平顺。

(2)处理完毕需对基面处理质量进行检查,并应满足下列要求:

①初期支护表面无明显渗漏水,无空鼓、裂缝、酥松等现象。

②初期支护表面平整,平整度符合规范要求。

③初期支护表面无尖锐突出物。

2)洞内盲管安装

洞内排水盲管主要包括环向排水盲管、横向排水盲管等。

(1)环向排水盲管安装

在隧道初期支护与防水板间设透水环向盲管,与纵向排水盲管每隔10m一道引入侧壁水沟。环向盲管间距按照设计、规范要求进行布设,在水量较大地段适当加密。环向盲管在预安装位置打孔装入小木楔铅丝绑扎固定。

(2)横向排水盲管安装

横向排水盲管是连接纵向排水盲管与侧沟或中央排水管(沟)的水力通道,采用硬质塑料管,其设置应符合设计要求,施工中先在纵向排水盲管上预留拼接,然后在仰拱及填充混凝土施工前接长至中央排水管(沟)。

(3)排水盲管的施工质量要求

①盲管材料质量、直径、透水孔的大小、间距应满足设计要求。

②盲管应尽量与初期支护混凝土壁密贴。

③盲内无泥沙等杂物堵塞,泄水孔通畅。

3)防水板施工

在基面处理、排水盲管设置完成后进行防水板施工作业。主要包括铺设准备、防水板铺设、防水板焊接、焊接质量检查及防水板保护等环节,其施工流程如图6-10所示。

(1)铺设准备

洞外检查防水板材料、质量、各项指标是否符合设计要求,经检查符合设计要求的防水板方可运入洞内进行使用。

(2)防水板铺设

防水板采用无钉环向铺设方法,由二次衬砌作业面向掌子面方向纵向铺设。防水板之间搭接宽度不小于15cm,在基面上打入热熔垫片,采用热熔焊(间距:拱部0.5~0.8m,边墙0.8~1.0m,底部宜为1.0~1.5m)呈梅花形布置。

(3)防水板焊接

防水板接缝采用热合机自动焊缝形成,采用双焊缝热烙焊接,焊缝宽度不小于1.5cm,焊接严密,不得焊焦、焊穿、漏焊和假焊。焊接完后的卷材表面留有空气通道,用以检测焊接质量。防水板的搭接宽度不小于15cm,当纵向接缝与环向接缝成十字交叉时(十字形接缝),事先对纵向接缝外的多余搭接部分齐根削去,将台阶修理成斜面并整平。

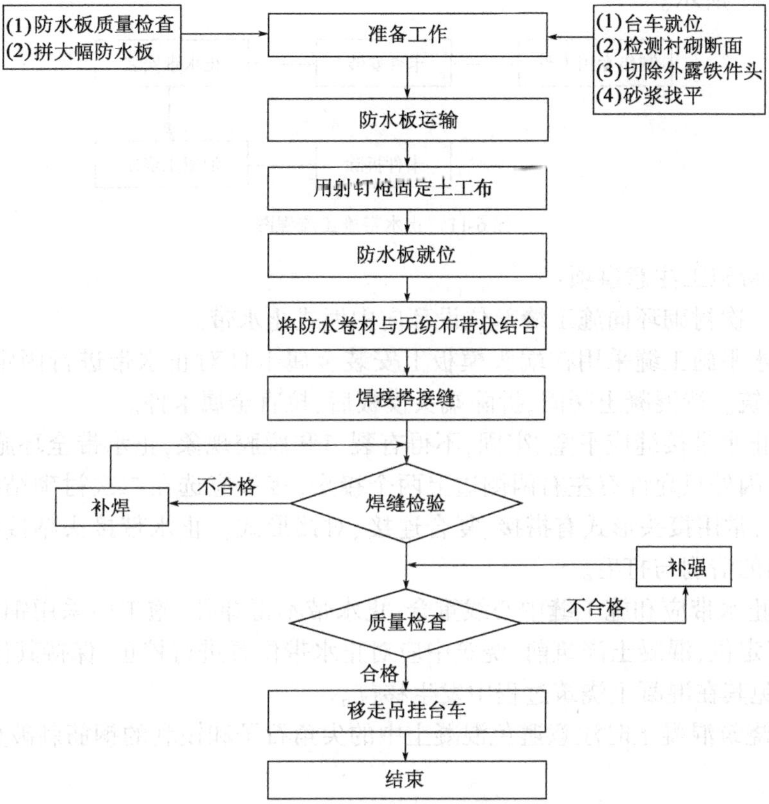

图6-10　防水板施工工艺流程图

(4)焊接质量检查

防水板焊接完毕后要严格对焊接质量进行检查。

①目测及尺量检查:检查防水板有无烤焦、焊穿、漏焊和假焊,焊缝宽度是否符合设计要求,焊缝是否均匀连续,表面平整光滑,有无波形断面。

②充气检查:对焊缝进行压力充气检查,并用肥皂水涂在焊缝上,对出现气泡处进行重新补焊,直到合格为止。

(5)防水板保护

要保持防水板接头处的洁净、干燥,同时在下一阶段施工前不得出现破损。二次衬砌混凝土浇筑前加强对防水层的保护,注意钢筋的运输及绑扎过程中可能对防水板产生的损伤,发现层面有破损应及时修补。

4)止水带施工

止水带主要布置在隧道环向施工缝、变形缝处,起到止水作用。止水带施工流程如图6-11所示。

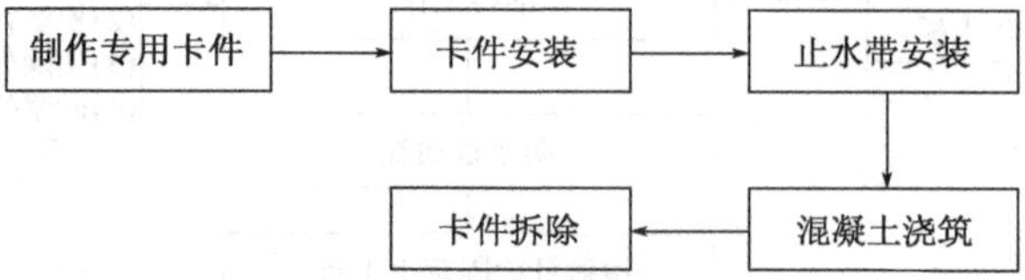

图6-11　止水带施工流程图

止水带施工注意事项：

(1)二次衬砌环向施工缝部位设环向中埋式止水带。

(2)水平施工缝采用在端头模板上安装金属卡件对止水带进行固定，再进行混凝土浇筑。待混凝土凝固、拆除端头模板后，拉直金属卡件。

(3)止水带接缝应平整、牢固，不得有裂口和脱胶现象，止水带全环施作，除材料长度原因外只允许有左右两侧边上两个接头，接头应选在二次衬砌结构应力较小的部位，常用接头形式有搭接、复合连接、对接形式。止水带接头粘接前应做好接头表面的清刷与打毛。

(4)止水带应和施工缝中心线重合，止水带不得穿孔，施工中采用钢筋卡对止水带进行定位，混凝土浇筑前、浇筑中应对止水带位置进行校正，保持其位置准确、平直，避免其在混凝土浇筑过程中发生移位。

(5)浇筑混凝土时注意避免混凝土中的尖角石子和锐利的钢筋刺破止水带。

6.2.5 排水系统维护(防止结晶)

1)盲管结晶现状

铁路隧道排水盲管与排水沟作为隧道防排水系统重要组成部分，其通堵状态直接关系到铁路隧道服役性能。排水系统结晶堵塞会致使隧道排水系统整体失效，恶化了隧道结构受力与服役状态，进而导致衬砌开裂、渗漏水、挂冰等次生病害，严重影响到隧道结构服役与运营安全。根据排水系统结晶程度，分为轻微结晶、中度结晶、重度结晶及无法疏通四种类型，各种结晶程度的评判标准如下。

(1)轻微结晶

管口附着少量结晶体、泥沙、混凝土等，管壁内有结晶附着，结晶呈絮状，较易清理；管道轻微挤压变形；流水不受太大影响，如图6-12所示。

(2)中度结晶

管口和管壁有大量结晶、泥沙、混凝土及其他异物附着。结晶呈硬化蜂窝状，有一定的疏通难度;管道中有 1 ~3 个结晶物、混凝土及异物堵塞点;管道出现中度变形;流水受结晶体堵塞影响较大,如图 6-13 所示。

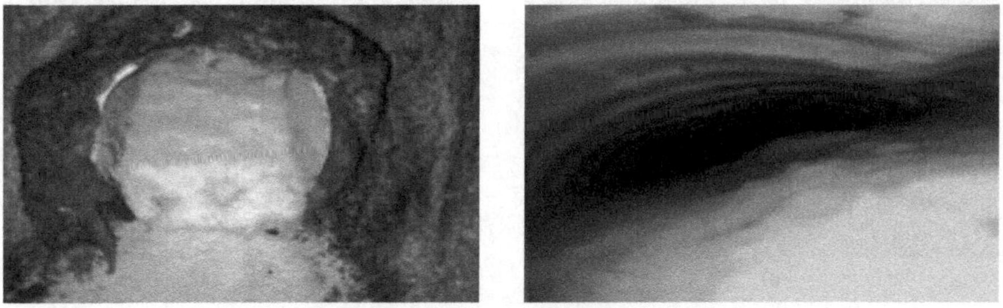

a) b)

图 6-12 排水盲管轻微结晶

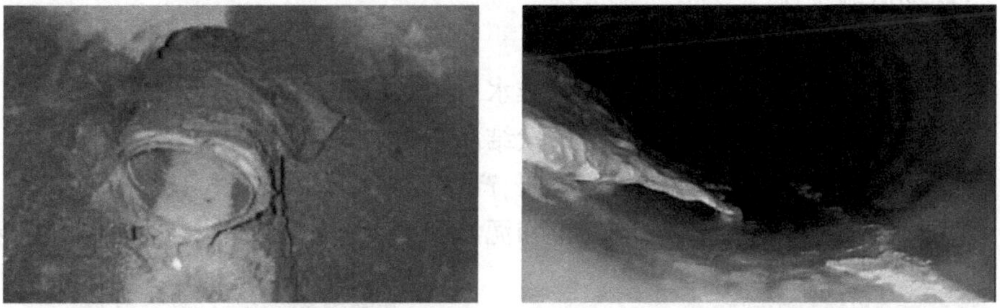

a) b)

图 6-13 排水盲管中度结晶

(3)重度结晶

管口完全堵塞,水流完全堵塞,结晶体呈硬质固体,疏通难度大;管口完全堵塞或管道内出现 3 个或以上较长堵塞点,管道因破损造成大量混凝土和泥沙渗漏与结晶体共同堵塞,疏通难度大;管道中出现严重变形及少量破损情况, 如图 6-14 所示。

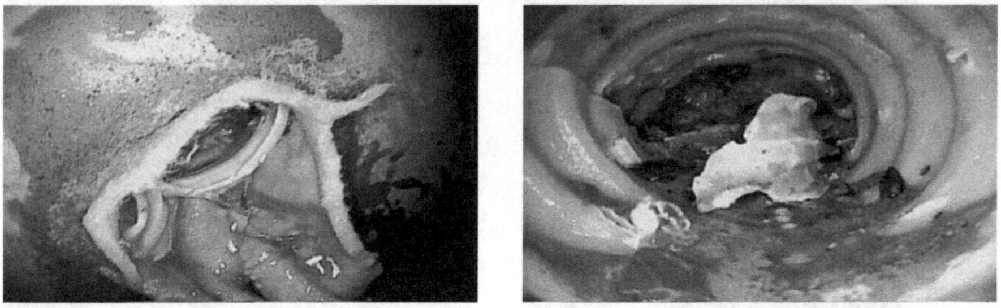

a) b)

图 6-14 排水盲管重度结晶

(4)无法疏通

结晶体硬化,管道变形破损严重,管道内部为混凝土或泥沙堵塞,疏通设备无法疏通,如图 6-15 所示。此种情况只能采用开凿泄水孔方案。

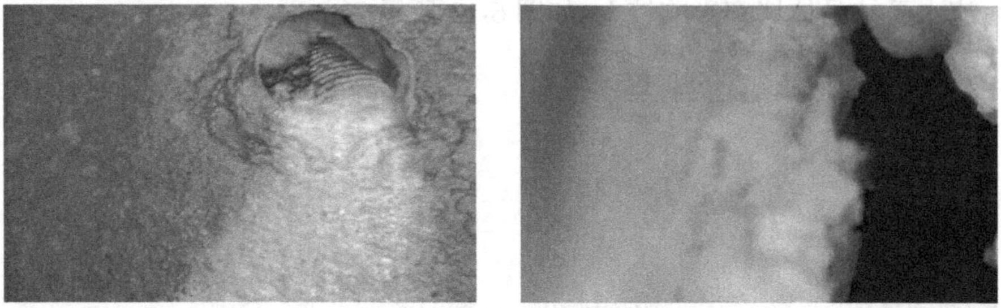

a)　　　　　　b)

图 6-15　排水盲管无法疏通

2)现场试验情况

(1)排水盲管探测

通过前期使用探测设备对隧道内排水管道进行探测,发现下列情况:

①排水盲管使用单壁波纹管有大量结晶物存在。

②少量排水盲管管壁受混凝土挤压,产生明显变形,如图 6-16a)所示。

③盲管破损导致管道内被土工布和泥沙堵塞,如图 6-16b)～图 6-16d)所示。

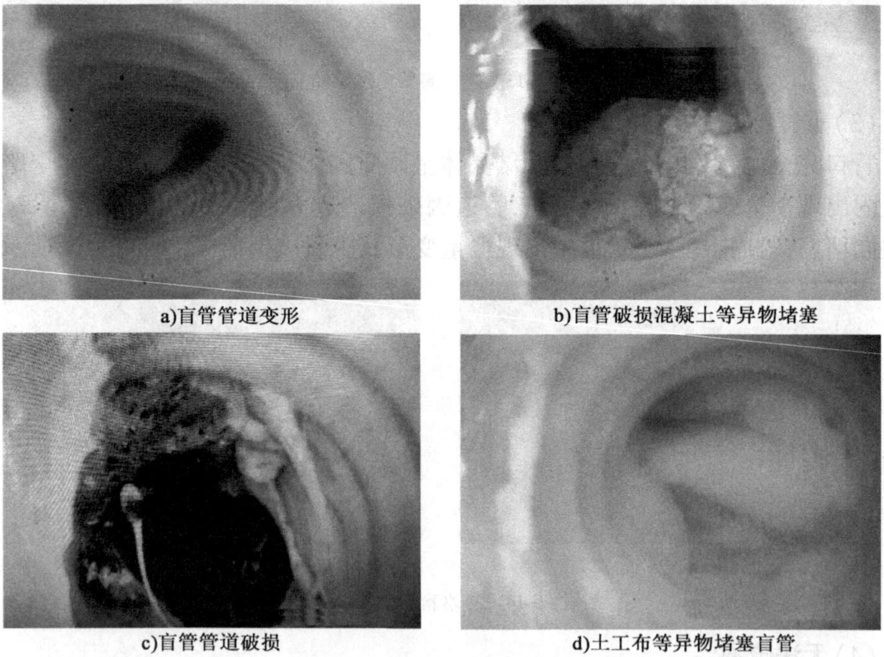

a)盲管管道变形　　b)盲管破损混凝土等异物堵塞

c)盲管管道破损　　d)土工布等异物堵塞盲管

图 6-16　排水盲管探测结果

(2)施工工艺

依据庆阳隧道排水盲管实际结晶及堵塞情况,对可疏通及不可疏通段制订措施如下。

①可疏通施工工艺(图6-17)

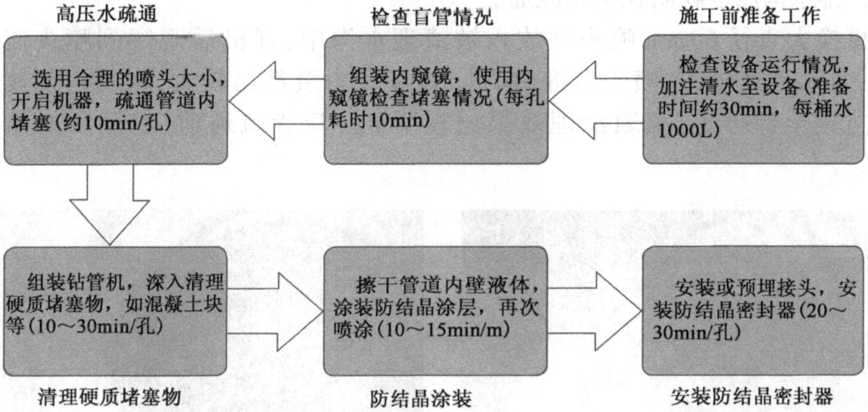

图6-17 可疏通段施工工艺流程图

a. 内窥镜检查盲管情况。

通过控制器开启发光二极管(LED)防水彩色旋转摄像头,摄像头由线缆深入管道内,管道内具体情况通过LED防水彩色旋转摄像头传送至彩色液晶显示屏,从而反映出管道内部的具体情况,如图6-18所示。

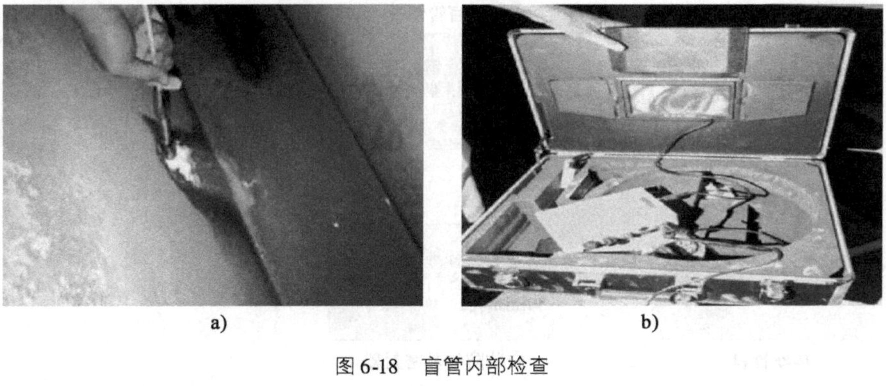

a) b)

图6-18 盲管内部检查

b. 排水盲管结晶堵塞疏通。

主要采用高压泵给水加压,通过管头喷射水的压力进行管道内杂物及泥土冲洗,利用水压达到水切割效果,从而疏通管道。

对于排水盲管管路正常、结晶体软化或硬化的工况，采用直径14mm喷头疏通；对于管道压扁工况，采用8mm微型喷头疏通；对于微型喷头无法通过或混凝土注满工况，采用电动疏通系统破碎疏通。疏通过程辅助可视化探测系统进行。

c.排水沟泥沙物淤积堵塞疏通。

更换大直径60mm喷头并放入被清理水沟中，开机后观察到喷头流水量较大，且水流速较快，喷头自进（前进）速度及力量都比较大，水沟内污物顺着水流方向全部排走，疏通清理效果比较明显。盲管疏通前、后探测如图6-19所示。

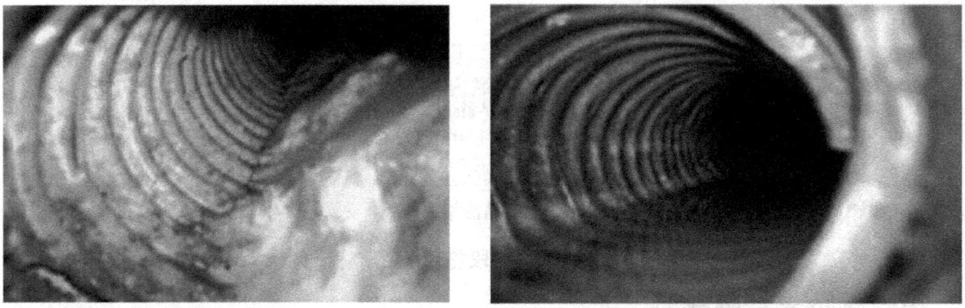

a)盲管疏通前　　b)盲管疏通后

图6-19　盲管疏通前、后探测

②不可疏通施工工艺（图6-20）

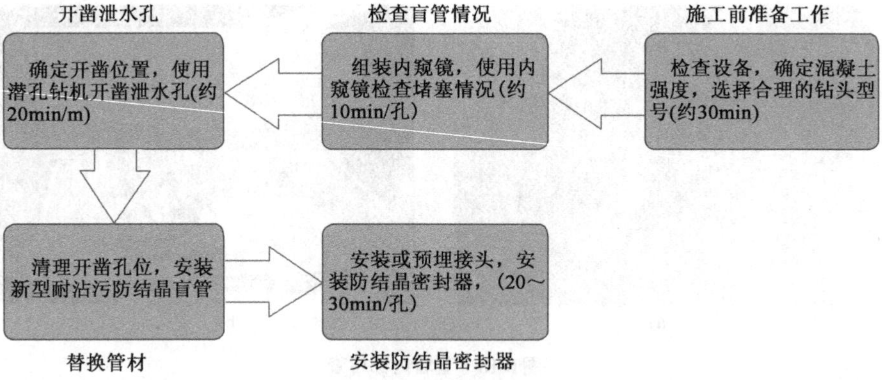

图6-20　不可疏通段试验流程图

对于隧道排水盲管完全失效、难以疏通的工况，可增设泄水孔（管）。如图6-21～图6-23所示。

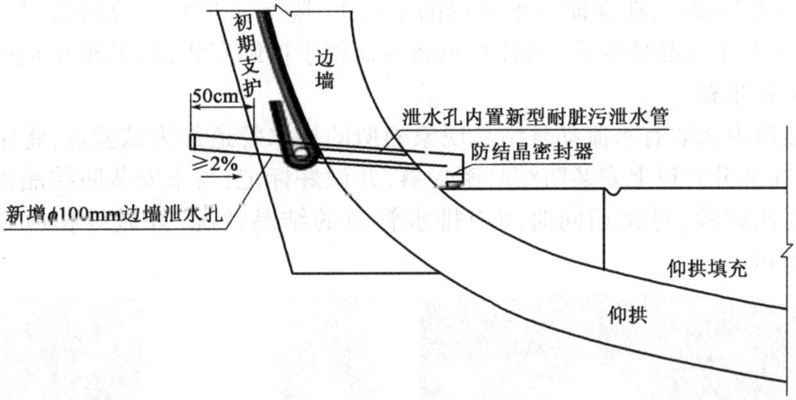

图6-21　侧沟未施工段增设泄水孔

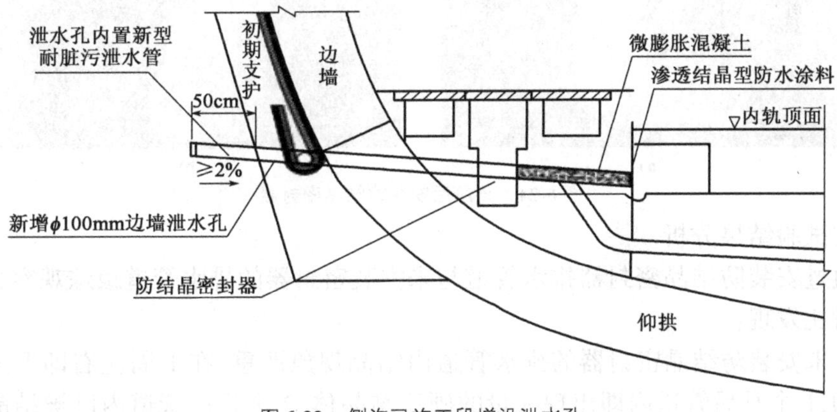

图6-22　侧沟已施工段增设泄水孔

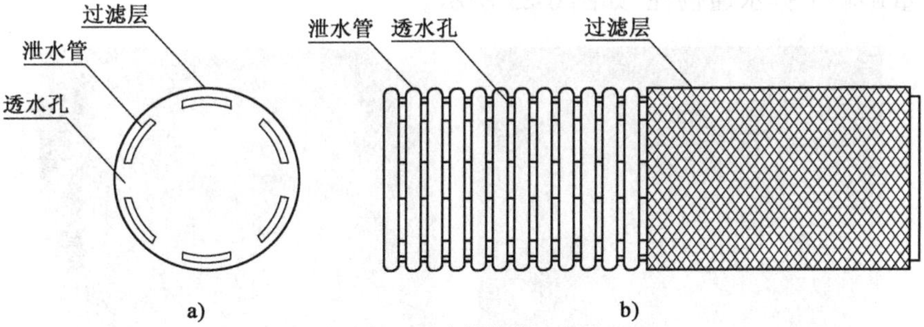

图6-23　泄水管结构示意图

(3)防结晶密封器试验

采用防结晶排水系统,避免排水管道内空气流动,保持排水系统内压力、温度、湿度等环境条件稳定,抑制 CO_2 的逸失或补充,控制碳酸盐结晶沉淀生成。出水口安装 U 形密封器后,在保证排水顺畅的基础上,隔绝了排水系统内部空气对流交换,有效抑制了结晶体生成,同时 U 形密封器便于拆卸安装,能实现可维护。

①试验步骤

在隧道内选取有水流动且结晶现象相似的排水管道作为试验点,将结晶清理干净后,在部分管道上安装防结晶密封器,并做好标记,与未安装防结晶密封器的管道做对比试验,对比相同时间内排水管道的结晶情况,并做好相应记录。如图 6-24所示。

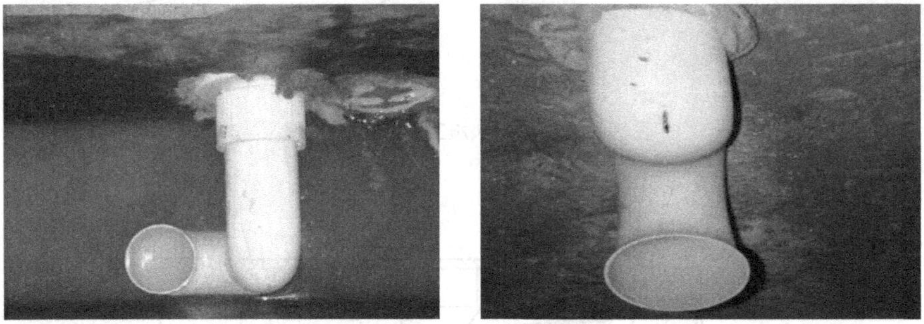

a) b)

图 6-24 疏通后安装防结晶密封器

②试验结果分析

通过安装防结晶密封器排水管道与未安装密封器的排水管道跟踪观察 3 个月情况对比发现:

a. 未安装防结晶密封器的排水管道内结晶现象严重,在 1 周左右即形成絮状结晶物,1 个月后管道内即出现大量的硬质结晶体,2 个月后管道内已被结晶物堵塞,严重影响了排水通畅性,如图 6-25 所示。

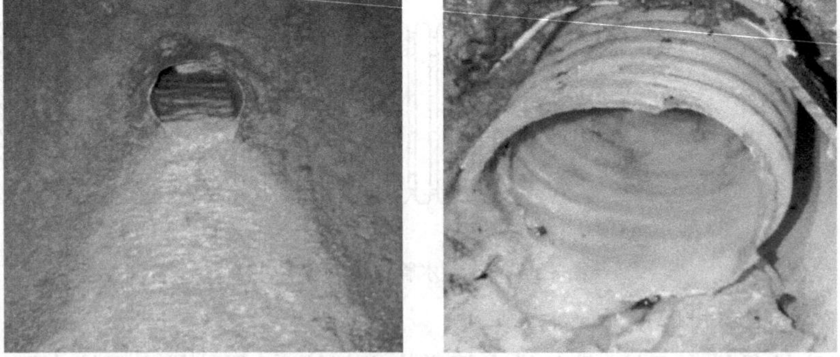

a) b)

图 6-25 未安装防结晶密封器的排水管道

b. 安装防结晶密封器的排水管道在 1 个月后，防结晶密封器外壁会形成结晶体附着，但排水管道内并未出现明显结晶，2 个月后拔出防结晶密封器，排水管道内无明显结晶体出现，如图 6-26 所示。

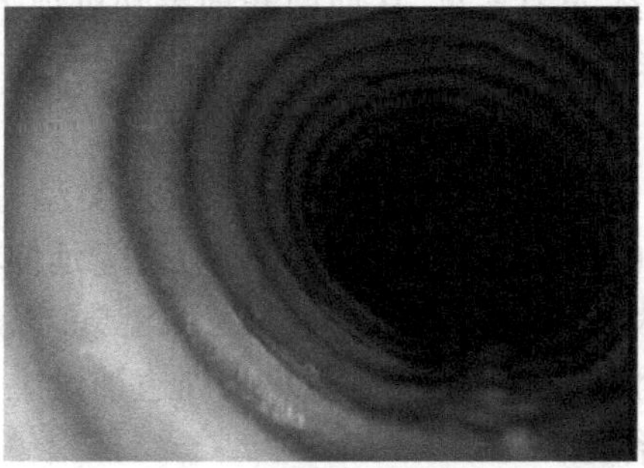
a)

b)

图 6-26　安装防结晶密封器的排水管道

(4) 试验结论

为预防铁路隧道排水系统结晶堵塞，应采取全密封排水系统，保持排水系统内部环境稳定，抑制结晶体生成；采用双壁波纹管及标准化管件提高排水管环刚度、内壁光滑度与耐沾污性，降低排水管压扁破坏风险，亦可缓解结晶体在排水管内壁上黏敷、淤积。

铁路隧道排水盲管结晶堵塞与排水沟淤积堵塞，采用高压水疏通及可视化探测技术，配置合理疏通参数组合，可实现排水系统疏通。对于排水盲管完全失效、难以疏通，或隧底承载水压的工况，可增设泄水孔。

6.3 洞口段施工关键技术

6.3.1 洞口段施工问题成因及防治措施

1) 地表开裂成因及防治措施

(1) 开裂成因

隧道洞口以及隧道浅埋段在施工过程中容易对上覆土体产生较大扰动，引起土体下沉开裂，最终在地表产生裂缝；此外，受灌溉用水及雨水下渗浸泡作用，土体含水率增大，隧道上部的压力明显增加，土体沿破裂面形成楔形漏斗。上覆土的松动荷载基本都作用在初期支护上，当仰拱未及时紧跟、初期支护未及时封闭成环时，不能形成一个封闭的受力结构，导致承载能力不足，从而引起地表和拱顶下沉，产生裂缝。另外，黄土隧道地基承载力不足也会使隧道拱脚下沉而产生裂缝。

(2)防治措施

施工前期，应在详细勘察的基础上，分析预测可能发生的地表变形类型，并选择合理的隧道开挖方法。在施工过程中，如果有裂缝出现，首先应对裂缝延伸段落和陷穴陷坑回填压实；其次加强裂缝区地表防排水系统，在裂缝发育区 5m 以外布设环向截水沟，防止地表水坡面流水渗入和灌入裂缝，并在截水沟周边铺设土工膜进行防渗处理，建立裂缝和地表沉降观测系统。

2)边仰坡滑塌成因以及防治措施

(1)滑塌成因

黄土的滑坡与地貌类型有关，地貌类型不同，黄土滑坡强度亦不同。一般黄土滑坡的地层结构是典型的二元结构地层。大气降水到达表层黄土后，因上覆砂质黄土的透水性良好，水迅速下渗，至黏质黄土顶层时，因黏质黄土的相对隔水性，水集存于黏质黄土顶面，使黏质黄土表层泥化，甚至泥化为流塑体，力学强度急剧降低，在泥化层倾向临空面时，根据泥化程度和上覆砂质黄土的情况可能产生滑动，导致斜坡变形破坏，形成滑坡。从内在机理分析，在影响黄土斜坡稳定性的各种因素中，通过改变其应力和强度，使二者之间的平衡被打破，即发生破坏。影响洞口边仰坡稳定的因素众多，包括土体结构和性质、大气降水和地下水、植被发育情况、施工扰动以及外荷载影响等。

①土体结构和性质：黄土自身的土体结构会对隧道边仰坡的稳定性产生影响。老黄土结构密实、强度较高、抗风化能力强，所以老黄土构成的边坡比新黄土边坡稳定得多。

②大气降水和地下水：在施工过程中，隧道的开挖可能破坏原有的稳定控制界面，将原有的控制界面间的地下水系统破坏，形成渗流通道，使得界面上的黏性参数大幅度降低，抗滑力下降，导致边坡的滑移破坏。另外，地下水对于土体的强度有很大的影响，如果开挖面位于地下水位以下，则必须做好防排水措施，以减少地下水的影响。

③植被发育情况：边坡植被根系的加固作用会使土壤表层强度得到提高，由于隧道施工常常破坏洞口部位原有植被，从而对洞口边仰坡的稳定性产生一定的影响。

④施工扰动:不合理的施工措施也对隧道洞口边仰坡稳定有很大影响,例如路堑开挖是边坡滑坡的直接诱发因素,由于边坡较高,坡脚应力集中,且黄土黏结强度较低,在施工过程中,坡脚的开挖过程使上部土体形成临空面,失去支撑,减弱了抗滑阻力,在重力、雨水、渗水等作用下,向坡脚下滑动,形成“牵引”型滑坡。

⑤外荷载影响:坡顶堆载以及行车会引起隧道洞口边仰坡坡体上部的滑动力增加,而在抗滑力不变的情况下,坡体的安全稳定系数将会下降。因此,在隧道施工过程中以及竣工后要特别注意对洞口边仰坡的防护。

(2)防治措施

滑坡防治应根据滑坡类型、规模、稳定性,并结合工程地质条件、建筑类型及分布情况、施工设备和施工季节等条件,选用截水、抗滑桩、预应力锚索、格构锚固、挡土墙、注浆、减载压脚以及植物防护等多种措施综合治理。施工中应加强隧道洞口围岩位移和边坡位移的监测,特别是边坡土体的地质观察和监测,及时根据监测信息,采取措施。对于地质状况较差的黄土边坡采用“支挡为主,卸载为辅”的主导方针,配合完善的排水系统,对隧道边仰坡进行综合防治。

6.3.2 洞口段的工程特点

所谓“洞口段”是指隧道开挖可能给洞口地表造成不良影响(下沉、塌穴等)的洞口范围。由于每座隧道的地形、地质及线路位置不同,所以洞口段的范围都不尽相同。一般情况下,可将洞口浅埋段划分为洞口段,覆盖层厚度一般小于2倍毛洞开挖宽度。隧道洞口段一般位于山体的表层,覆盖浅、岩石风化严重,稳定性差。如果洞口开挖破坏了原山体坡面的平衡状态,易导致滑坡;如果洞口在山体陡坡或悬崖处,即使围岩条件较好,也极可能出现崩塌,一般在进洞前,需先加固仰坡山体;洞口处于浅埋地段,并且围岩破碎软弱,隧道洞口段容易坍塌,成洞比较困难;当隧道轴线与山体或岩层走向斜交,山体对洞口形成偏压。浅埋、偏压使围岩变形量大、变化快,容易发生突发性事故。因此,施工时要结合洞外场地和相邻工程的情况,全面考虑、妥善安排、及早施工,并对边坡进行预加固处理,为隧道洞身施工创造良好条件。

6.3.3 隧道洞口段开挖方法确定的基本原则

隧道洞口段开挖方法的选择应以地质条件和地形地貌为主要依据,结合工期、建筑物长度、断面尺寸、结构类型以及施工技术力量等综合考虑。同时,要考虑在地质条件变化的情况下,变换施工方法的可能性。其基本原则可概括为:

(1)不论何种施工方案都应确保施工的安全,并需制订相应的安全技术措施,以适应隧道洞口施工环境差、不安全因素多的状况。

(2)选择施工方法应根据设计文件、施工调查情况、地质、围岩类别、隧道长度、断面、衬砌、工期要求以及施工队伍的技术水平等因素综合考虑。

(3)所采用的技术方案,应具有可操作性,施工尽量简便。

(4)保证施工作业安全及建成后的隧道在结构上是稳定的。

(5)能够控制地层沉降在设计值范围之内。

(6)城市地铁隧道开挖时要考虑隧道洞口开挖对边坡稳定性和周围其他建筑物的影响。

(7)对地质变化较大的隧道施工环境,选择施工方法时要考虑地质变化的适应性,尽量避免变更施工方法打乱工序,影响进度和安全。

(8)尽量采用成熟的新技术、新工艺、新设备,积极开拓创新,提高综合施工水平。

(9)要避免对周围环境的破坏和对周围居民日常生活的影响。

(10)技术方案在经济上是合理的。

综合以上的分析,选择合理的开挖方法对隧道洞口段的施工是极为重要的,不但可以增加洞口段施工的安全性,有效地提高施工效率,减少投入,增加效益,并且能够减少对原来地层的扰动和对周围环境的破坏,减少运营时的地质灾害,降低运营的工务投入,美化洞口的环境。

6.3.4 洞口段的开挖方法

结合以往工程实践,洞口段施工一般采用半明半暗法和盖挖法。上述两种工法刷坡面积小,对边坡稳定性以及边坡上其他建(构)筑物影响小,对周围环境破坏小。

(1)半明半暗法

当隧道洞口位于地形严重偏压地段时,为贯彻“零”开挖理念,并确保施工安全,避免洞口“大挖大刷”形成高边坡、仰坡,常采用“半明半暗”的进洞方法,即当隧道轴线与地形等高线处于平行、斜交时,在明挖段先修建挡墙,在挡墙和边坡之间修建护拱,再在护拱下进行暗挖施工。该施工方法不仅减少了对边坡的开挖量和支护费用,而且减少了对洞口植被的破坏,对隧址区自然环境有很好的保护作用,是对建设生态性、环保性工程指导理念的有效运用。

(2)盖挖法

盖挖法是一种暗挖施工方法,即在洞口开挖前先开挖施工槽,然后进行管棚施工,架立钢拱架形成护拱,护拱上进行回填反压,在护拱和管棚的保护下进行暗挖施工。相对于明挖法来说,盖挖法不用进行大规模的刷坡开挖,在隧道上方覆土厚度为0~50cm的情况下便可以进行暗挖施工,而明挖法一般要开挖到隧道上方覆土厚度为6~10m时,才能进行暗挖施工。盖挖法刷坡面积较小,而且对于上下行分离的隧道,还可以避免两洞间土埂的开挖,可以减小开挖对边坡上原有植被的破坏和对边坡稳定性的影响。通过预留核心土和防护拱施工以及管棚超前支护,来减小隧道侧口开挖对围岩的扰动和对边坡稳定性以及边坡上其他建筑物安全性的影响。

在设计、施工及管理中要选择合适的开挖方法以及科学的支护方法,并使之相互配合来减小边坡及围岩的变形,在不破坏自然环境的情况下,使隧道洞口段的开挖施工顺利进行。

6.3.5 洞口段围岩的基本支护方法

由于隧道洞口段岩层覆盖较浅,岩石风化严重且比较破碎,围岩自稳能力较差,很难成洞,所以在开挖前必须对洞口段围岩进行超前加固处理,以改善围岩的物理力学特性,提高围岩的稳定能力。超前加固的方法很多,但常用的主要包括超前管棚注浆加固法、超前小导管注浆加固法、超前锚杆加固法、水平旋喷注浆法和注浆加固法,其中注浆加固法又包括地表注浆和洞内超前钻孔注浆。

(1)超前管棚注浆加固法

超前管棚是沿开挖轮廓线周线,与隧道轴线平行(或有微小角度)进行钻孔,而后插入不同直径的铜管,并向管内注浆,固结管周边的围岩,并在预定的范围内形成棚架的支护体系。它的主要作用是:提高管周围的抗剪强度,先行支护围岩,把因开挖引起的松弛控制在最小范围内,其效果大致可以归纳为“梁效应”和“加固围岩效应”两类。

超前管棚主要适用于第四系覆盖地层、软弱地层、砂砾地层或软岩、岩堆、破碎带等易于崩塌、松弛、软化的地层，或者是隧道顶部有公路、建(构)筑物等需要严格控制沉降的地层。

(2)超前小导管注浆加固法

注浆导管即超前注浆导管，它是沿初期支护外轮廓线，以一定仰角向掌子面施作直径为30~50mm的焊接钢管或无缝钢管，钢管上留有直径为8~10mm的小孔，浆液从小孔注入围岩，充分填充土体空隙，形成一定厚度的结合体。

该方法主要适用于自稳时间短的软弱破碎带、浅埋软弱围岩和严重偏压、砂层、砂卵石层、断层破碎带以及大面积淋水或涌水的隧道。对结构顶部处于亚黏土、粉细砂、中粗砂等地质松软、空隙较大的地层更为适用，效果明显。

(3)超前锚杆加固法

超前锚杆是作为支护结构的一部分轴力构件而发挥其作用的，以改善拱顶斜上方的围岩。一般锚杆之间的间距约为10m，多在易崩塌的围岩中采用，作为支护拱顶的辅助方法。斜锚杆通常与系统锚杆同时施工，它是沿隧道纵向在拱上部开挖轮廓线外一定范围内向上方倾斜一定外插角，或者沿隧道横向在拱脚附近向下方倾斜一定角度的密排砂浆锚杆。前者称为拱部超前锚杆，后者称为边墙超前锚杆。拱部超前锚杆用以支托拱上部临空的围岩；边墙超前锚杆将拱线附近的岩体所承受的较大拱部荷载传递至深部围岩，从而提高施工中围岩的稳定性。

(4)水平旋喷注浆法

高压喷射注浆技术采用钻机先钻进土层的预定位置，由钻杆一端安装的特殊喷嘴把水泥浆液通过高压喷出，以喷射流切割扰动土体。同时，钻杆边旋转边提升，使土体与水泥浆混合凝固，从而形成一个均匀的圆柱状水泥加土固体，以达到加固地基和止水防渗的目的。水平旋喷注浆法，就是在土层中水平(亦可做小角度的俯、仰和外斜)钻进成孔，注浆管呈水平状，喷嘴由里向外移动进行旋喷、注浆的加固方法。它适用于砂类土、黏性土、黄土和人工填土等地层。

水平旋喷施工效率高，水平搅拌桩无须成孔，其钻进、搅拌、注浆同步进行，施工速度快，安全可靠，质量稳定；另外，将其应用于城市浅埋隧道施工，还有止水、防渗作用，可避免过分抽排地下水引起地表下沉。

(5)注浆加固法

①地表注浆

隧道处于浅埋、破碎围岩中时，为了增强围岩自身稳定性，可采用地表注浆。

地表注浆是将带孔的钢管按照梅花形布置于围岩中,然后向钢管内注浆,使浆液和围岩充分融合,以达到增强围岩的目的。地表注浆适用于砂性土、空隙率较大等不良地质,在黏性土中效果不好。为了保证注浆效果,需采用与围岩性质相适应的浆液。

②洞内超前钻孔注浆

洞内超前钻孔注浆是将具有充填和凝胶性能的浆液材料,通过配套的注浆机具设备压入所需的加固地层中,经过凝胶硬化作用后充填和堵塞地层中的缝隙,减小注浆区地层渗水系数及隧道开挖时的渗漏水量,并能加固软弱和松散岩体,使围岩强度和自稳能力得到提高。

6.3.6 隧道洞口段施工准备

(1)边、仰坡的开挖。根据设计边、仰坡面开挖线,利用大型挖掘设备进行初步排渣开挖,对个别坚硬地层,采取放震动炮方式,松动地层。

(2)修整、加固边、仰坡。按设计边、仰坡开挖线,由人工配合挖掘设备对边、仰坡面进行修整、刷齐处理,并对边、仰坡面喷射混凝土,将开挖暴露的松散破碎岩层表面进行封闭加固,提高了边、仰坡的稳定性。同时,应及时做好洞顶截水沟的铺砌,以防地面水下渗影响围岩稳定性,危害洞口安全;并及时做好洞口施工区的排水系统,以确保洞口的安全稳定。

(3)边、仰坡体的加固。对岩层表面已进行封闭加固的边、仰坡体做进一步压浆加固。

6.4 仰拱自行式液压长栈桥施工技术

6.4.1 施工工艺流程

施工工艺流程如图6-27所示。

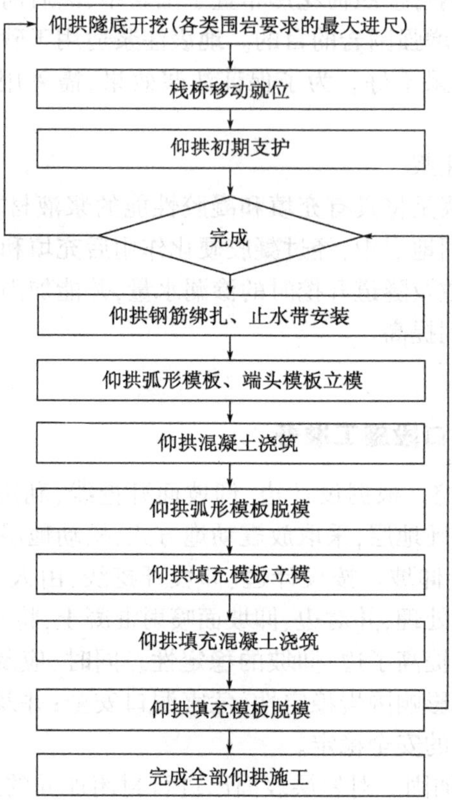

图 6-27　施工工艺流程图

6.4.2 施工操作要点

1)仰拱隧底开挖

隧底开挖作业按各类围岩要求的最大进尺进行开挖,隧底爆破后,采用挖机进行开挖作业,使用全站仪对开挖轮廓放样检查,存在欠挖部分再次开挖到设计尺寸。如仰拱初期支护设计有钢拱架,可在仰拱开挖完成后、仰拱液压栈桥移动前将钢拱架运输到洞内仰拱处,快速移动栈桥就位,安装拱架,完成初期支护封闭成环。

2)栈桥移动就位

(1)提升支撑架及引桥

首先通过伸出前、后桥液压缸提升前、后引桥,使其脱离开挖面和填充面,然后伸出主动行走装置液压缸，使主动走行轮先着地，再伸出被动走行装置液压缸，使被动走行轮着地，此时主、被动走行装置都置于填充面上，横移机构脱离地面。

(2)前移仰拱栈桥

前后走行装置作为整台栈桥的临时支撑，按主桥控制开关"前进"按钮，前后走行机构共同驱动主桥前移。在前移过程中，前引桥、后引桥及横移机构始终脱离地面。

(3)横向移动仰拱栈桥

横向移动分主桥前端横移和后端横移两种状态，按主桥控制开关"前左移"和"前右移"按钮，可实现主桥前端横移机构左右横移，按主桥控制开关"后左移"和"后右移"按钮，可实现主桥后端横移机构左右横移。

(4)液压栈桥驻桥支护

开启仰拱液压栈桥制动装置，使栈桥处于完全停止状态。

(5)放下引桥、支撑架

操纵液压系统控制阀，使前后承载支撑架同时落地，并保持桥面水平，锁定前后液压缸。

3)仰拱初期支护施工及仰拱钢筋绑扎

仰拱液压栈桥下方有效作业空间长度24m，栈桥下方可同时进行仰拱初期支护和仰拱衬砌施工。仰拱初期支护完成12m后，后方便可开始仰拱衬砌钢筋施工，前方继续隧底开挖支护施工。

在仰拱边墙的仰拱弧形模处安装有钢筋卡槽和纵向中埋止水带定位器，既可以准确地控制钢筋的环向和纵向间距，又可以控制纵向中埋止水带顺直居中，如图6-28所示。

图6-28　仰拱钢筋绑扎及止水带定位

4)仰拱模板定位安装

(1)仰拱钢筋及止水带等预埋件施工完成后，手动控制吊具，放下两侧弧形模板，经测量放样，对仰拱弧形模板进行精确定位。仰拱弧形模板及端头模板如

图 6-29所示。

图 6-29　仰拱弧形模板及端头模板

(2)仰拱端头模板采用组合钢模板，可有效控制环向中埋止水带位置准确、居中。

5)仰拱混凝土浇筑

(1)混凝土罐车行至栈桥上仰拱上方，采用溜槽将混凝土导引流入仰拱。

(2)仰拱混凝土浇筑时采用分层浇筑方式，混凝土入槽后应及时充分振捣，混凝土浇筑速度不宜太快，宜控制在 $30m^3/h$ 以内。

(3)混凝土浇筑接近完成时，应安排专人对仰拱边墙顶面进行收面，以控制纵向中埋止水带两侧高度一致。仰拱混凝土浇筑如图 6-30 所示。

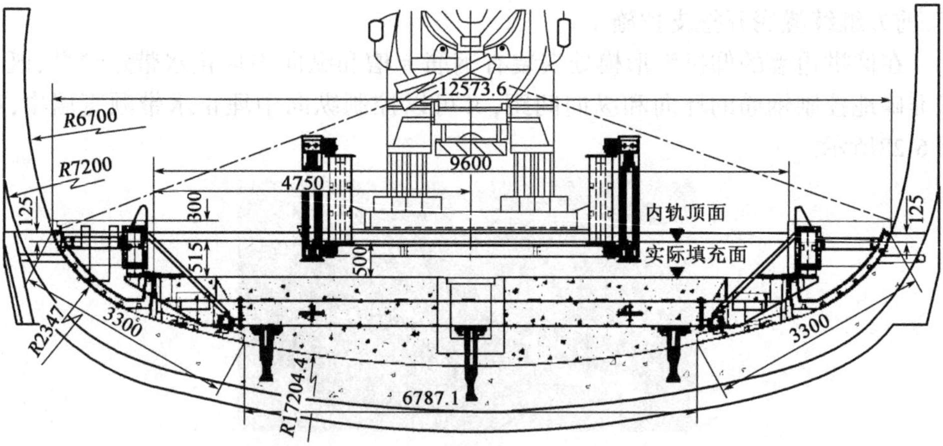

图 6-30　仰拱混凝土浇筑施工示意图(尺寸单位:mm)

6)仰拱脱模及填充施工

(1)通过拉动手动提升装置、收缩仰拱平移液压缸提升仰拱弧形模板。

(2)仰拱填充立模时，填充端头模板应与仰拱端头施工缝对齐，仰拱填充端头模板使用钢模板,采用钢管支撑加固。

(3)仰拱填充面高程使用全站仪放样确定,精确放样后在高程点上方贴双面胶标识,防止在混凝土浇筑过程中高程点被污染丢失。

(4)仰拱填充混凝土浇筑时同样使用溜槽导引,采用分层浇筑方式,混凝土入槽后应及时充分振捣,混凝土浇筑速度不宜太快,宜控制在 $30m^3/h$ 以内。

(5)填充混凝土达到强度要求后拆除模板,脱端模时不要用锤重击,尽量避免损坏模板。

7)仰拱填充养护

采取土工布覆膜洒水养护(图6-31),养护时间不少于7d,保证混凝土强度符合设计要求,其间每天洒水3遍,保持土工布湿润。

图6-31　仰拱填充混凝土覆膜养护

8)逃生通道的移动

本栈桥利用主梁作为逃生通道,主梁有效尺寸直径800mm,保证人员在紧急情况下,顺利通过管道安全逃生,避免传统方式搬运逃生通道影响现场进度及文明施工,本栈桥直接随栈桥前移。栈桥逃生通道如图6-32所示。

图6-32　仰拱栈桥自带逃生通道

参考文献

[1] 杨锋.饱和软黄土地铁隧道施工地表沉降特性及其控制技术[D].西安:西安科技大学,2017.

[2] 曹振.西安地铁盾构施工安全风险评估及施工灾害防控技术[D].西安:西安科技大学,2013.

[3] 罗浩洋.黄土塬区围岩渗流特性对隧道稳定性影响研究[D].兰州:兰州交通大学,2019.

[4] 颜治国.西安地铁黄土地层中盾构隧道地表沉降控制理论与技术[D].北京:中国矿业大学(北京),2012.

[5] 胡德超.饱和软黄土地铁隧道矿山法施工工艺研究[D].西安:西安科技大学,2020.

[6] 赵威威.黄土—膨胀古土壤隧道支护结构与围岩力学特性分析[D].西安:西安理工大学,2020.

[7] 丁振义.双线隧道施工引起的地表沉降及其控制措施研究[D].西安:西安科技大学,2019.

[8] 王丽.暗挖隧道施工诱发的邻近管线变形规律与控制技术[D].西安:西安科技大学,2017.

[9] 刘翔.黄土地区地铁隧道浅埋暗挖法施工地表变形规律研究[D].西安:西安科技大学,2014.

[10] 徐均.西德高速双轨铁路新线建造中的软弱土壤隧道施工[J].市政技术,1993(Z1):55-60.

[11] 常帅斌,陈明,张虎元,等.陇东地区早胜塬古土壤膨胀特性研究[J].铁道建筑技术,2020(09):7-11,16.

[12] 刘涛,章洵,李昕,等.银西高铁黄土塬区古土壤围岩隧道含水率变化特性研究[J].甘肃科技,2020,36(08):67-70.

[13] 叶万军,吴云涛,陈明,等.大断面古土壤隧道围岩压力分布规律及支护结构受力特征分析——以银西高铁早胜3号隧道为例[J].隧道建设(中英文),2019,39(03):355-361.

[14] 魏伟.隧道穿越膨胀性古土壤层衬砌结构受力特征及厚度优化[D].西安:西

安科技大学,2020.
[15] 王长辉. 公路隧道二次衬砌受力及结构优化设计研究[D]. 西安:长安大学,2012.
[16] 马星星. 高速公路隧道二次衬砌安全性分析[J]. 黑龙江交通科技,2013,36(05):113-114.
[17] 郭海洋. 偏压隧道二次衬砌优化设计研究[D]. 吉林:吉林大学,2017.
[18] 杨昌贤. 公路隧道二次衬砌承载能力与优化设计研究[D]. 成都:西南交通大学,2010.
[19] 孟令宝. 南吕梁山隧道底鼓机理及整治措施研究[D]. 石家庄:石家庄铁道大学,2017.
[20] 陈洋宏. 高地应力区缓倾互层岩体隧道底鼓机理与控制技术研究[D]. 北京:中国铁道科学研究院,2020.
[21] 王进博. 水平页岩隧道底鼓机理及控制技术研究[D]. 重庆:重庆大学,2017.
[22] 樊纯坛. 大断面富水泥岩隧道受力特性及仰拱底鼓机理研究[D]. 兰州:兰州交通大学,2017.
[23] 杨词光. 都汶公路地震前后地应力场演化规律与软岩隧道底鼓防治研究[D]. 成都:成都理工大学,2012.
[24] 郑成果. 桃树垭软弱围岩隧道底鼓机理及控制技术研究[D]. 重庆:重庆大学,2009.
[25] 张风. 大断面软岩隧道两台阶四步法快速施工技术[J]. 铁道建筑技术,2020(10):122-125.
[26] 张宏亮,牛黎明. 山岭隧道防排水技术研究及应用[J]. 公路,2014,59(09):177-181.
[27] 罗光. 公路隧道防排水体系研究现状[J]. 山西建筑,2019,45(09):163-165.
[28] 孔令然. 高速铁路建设大型临时工程设置方案探讨[J]. 铁路工程技术与经济,2018,33(02):36-38.
[29] 高娟. 西宝高速铁路大型临时工程设计回顾[J]. 铁道标准设计,2016,60(07):51-54.